中国地质调查成果 CGS 2022-047

支撑服务赣南革命老区脱贫攻坚

地质调查示范成果图册

ZHICHENG FUWU GANNAN GEMING LAOQU TUOPIN GONGJIAN DIZHI DIAOCHA SHIFAN CHENGGUO TUCE

方捷 等编著

中国地质大学出版社

ZHONGGUO DIZHI DAXUE CHUBANSHE

图书在版编目(CIP)数据

支撑服务赣南革命老区脱贫攻坚地质调查示范成果图册/方捷等编著. —武汉:中国地质大学出版社,2022.3
ISBN 978-7-5625-5450-9

Ⅰ.①支… Ⅱ.①方… Ⅲ.① 扶贫-成果-汇编-赣南地区-图集 ②地质调查-成果-汇编-赣南地区-图集 Ⅳ.①F127.56-64 ②P622-64

中国版本图书馆 CIP 数据核字(2022)第 208275 号

支撑服务赣南革命老区脱贫攻坚地质调查示范成果图册		方 捷 等编著
责任编辑:舒立霞	选题策划:毕克成 张 旭 段 勇	责任校对:徐蕾蕾
出版发行:中国地质大学出版社(武汉市洪山区鲁磨路388号)		邮编:430074
电话:(027)67883511 传真:(027)67883580		E-mail:cbb@cug.edu.cn
经销:全国新华书店		http://cugp.cug.edu.cn
开本:880 毫米×1230 毫米 1/16		字数:129 千字 印张:5.75
版次:2022 年 3 月第 1 版		印次:2022 年 3 月第 1 次印刷
印刷:湖北新华印务有限公司		
ISBN 978-7-5625-5450-9		定价:128.00 元

如有印装质量问题请与印刷厂联系调换

《支撑服务赣南革命老区脱贫攻坚地质调查示范成果图册》指导委员会

主　　任：吴登定
副 主 任：邢丽霞　高延光
成　　员：张开军　郑雄伟　龙宝林　邢卫国　邢光福　伍光英
　　　　　褚洪斌　李铁锋　张永波　齐亚斌　蒋忠诚　胡宏杰
　　　　　龚　健　余忠珍　邓海鹰　薛永森　刘大刚　周保铜
　　　　　张巨华　谢新生　胡秋韵　曹佳文

编写组

主　　编：方　捷
副 主 编：郑雄伟　曾　勇　刘　林　王新峰　邵长生　连　健
　　　　　徐宏庆　方　圆
主要成员：徐敏成　张　明　刘　一　沈雪华　所颖萍　龚　磊
　　　　　谭建民　王晨辉　王　威　张红新　宋　绵　路　韬
　　　　　胡四春　周　墨　朱中骞　董翰川　刘斯文　孙建东
　　　　　孙　强　张雪辉　周锴锷　梅世嘉　唐志敏　李海立
　　　　　陈乐柱　曹晓娟　冯乃琦　雷天赐　甘浩男　肖则佑
　　　　　李灯平　陈小勇　王道英　向文渊

引 言

赣南原中央苏区位于江西省南部,由于历史原因,基础设施薄弱,经济发展不足,长期以来贫困人口众多,是全国较大的集中连片特殊困难地区之一。

为支持赣南等原中央苏区振兴发展,2012年6月28日国务院发布《国务院关于支持赣南等原中央苏区振兴发展的若干意见》(国发〔2012〕21号)。同年12月,国务院正式批复《罗霄山片区区域发展与扶贫攻坚规划(2011—2020年)》,将赣南苏区列入重点扶持区。

赣南原中央苏区是自然资源部长期支持的扶贫区,赣州四县(区)(赣县区、于都

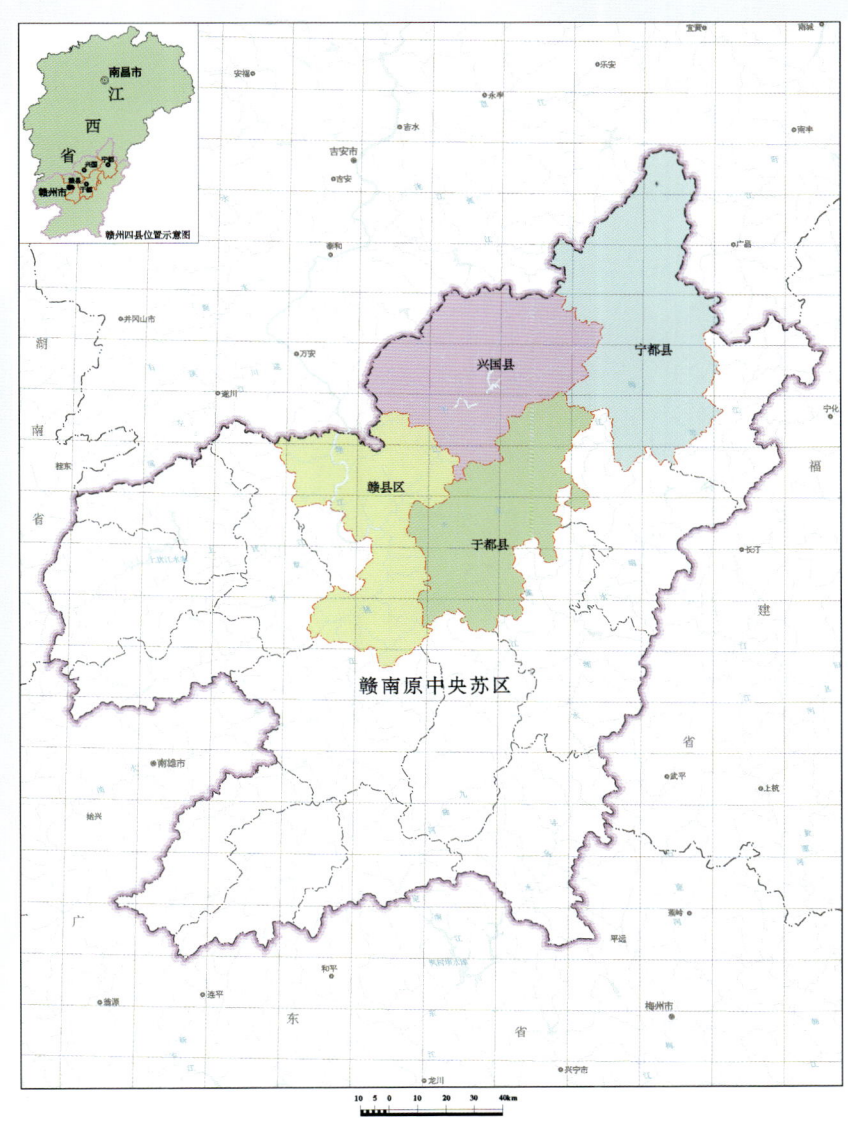

赣南原中央苏区行政区划图

县、兴国县、宁都县)是自然资源部定点帮扶县(区),定点扶贫长达34年。

党的十八大以来,中国地质调查局党组深入学习习近平总书记关于扶贫工作的重要论述,坚决贯彻落实党中央、国务院重大决策部署,始终把支撑服务脱贫攻坚作为重大政治任务和全局工作的重中之重,用心、用情、用力推进落实。2016年3月,时任副局长李金发带队,深入赣州7个乡镇和3个厂矿现场开展调研,将中国地质调查局精准支撑服务赣南原中央苏区脱贫攻坚工作推上新的高度。

以"在精准施策上出实招,在精准推进上下实功,在精准落地上见实效"为统领,精心组织实施了一批地质调查项目,"十三五"期间,投入经费5.57亿元[其中赣州四县(区)经费4.8亿元],发挥专业优势,在推动贫困区饮水安全与防灾减灾、特色农业产业发展、矿产资源开发利用、地质旅游资源规划等方面,形成了独具特色的"地质调查+"扶贫模式和脱贫攻坚"赣南样板"。

2020年4月,赣州市赣县区、于都县、兴国县、宁都县正式退出贫困县序列。至此,赣州11个贫困县全部摘帽,赣南革命老区实现历史性整体脱贫。地质调查支撑服务脱贫攻坚高质量完成,取得阶段性胜利。

为全力打通地质调查与脱贫目标的"最后一公里",强化示范作用,延伸服务深度,中国地质调查局完成了310眼地下水探采结合井,建设了13处安全饮水示范工程、98口安全饮水示范井;提交了232处特色农业基地建设建议;新发现矿(化)点120处,提交15处地热找矿靶区和31处以非金属为主的找矿靶区、2处可供开发利用的地热温泉点;建成赣州市地质灾害信息平台和监测预警网络,完成6处地质灾害专业监测点和7处群测群防监测点;建成了2处资源综合利用示范基地,研发了13项矿产资源综合利用技术,其中工业应用7项;服务地方成功申报6个地质公园(矿山公园)和1个"中国恐龙之乡",支撑评价了2处地质文化村。

本书主要展示土地质量调查、水文地质调查、地质灾害调查、地质遗迹资源调查、矿产资源调查、资源综合利用等专业方面形成的示范成果。

目 录

第一部分　土地质量地球化学调查　服务高效农业产业化 / 1

第二部分　水文地质调查与找水打井　全力保障居民饮用水安全 / 11

第三部分　地质灾害监测预警　保障生命财产安全 / 31

第四部分　地质遗迹资源调查　推动特色旅游发展 / 43

第五部分　地质矿产资源调查　保障矿业可持续发展 / 49

第六部分　资源综合利用评价　服务企业提高效能 / 53

第七部分　生态地质环境调查　服务生态文明建设 / 61

第八部分　"地质调查+"助力脱贫攻坚　"赣南样板"成果成效显著 / 69

第一部分

土地质量地球化学调查服务高效农业产业化

支撑服务赣南革命老区脱贫攻坚地质调查示范成果图册

——完成了赣州市(县)土地质量地球化学调查

完成了赣州市全域1:25万土地质量地球化学调查,18个县(区、市)耕地集中区1:5万土地质量地球化学调查面积15 838km²。

——摸清了赣州市(县)富硒土地资源情况

1:5万农用地土地质量地球化学调查全覆盖,查明了土地地球化学元素分布、富集特征,以及耕地的土地质量基本情况;共圈定富硒土地7452km²,其中无公害富硒土地5538km²。

——提出赣州市(县)富硒土地开发利用建议

提出赣州市富硒土地资源利用建议,划定集中连片绿色和无公害富硒、富锌、富硒富锌农业基地及绿色食品基地建议区232处,编制了赣州市特色农业基地建议区建设档案,为富硒土地资源开发利用规划提供了基础。

——服务富硒土地高效利用取得实效

编制富硒土地划定标准与标识,支撑赣州市建立富硒田间标识,建立地质云-富硒土地资源信息服务系统,进一步打造富硒土地资源开发示范基地,为富硒土地资源开发利用和产业发展、富硒品牌创建等提供全过程、全链条支撑服务。

——支撑建设形成一批特色农业示范基地

支撑服务赣州市制定《赣州市富硒农业产业发展规划(2020—2030年)》,打好富硒品牌。赣州市为339处农业产业基地树立"富硒农业产业"标识牌,总面积达22万亩(1亩=666.67m²),其中精选出富硒农业基地82处,面积7.8万亩。

于都梓山潭头富硒蔬菜产业园

2019年5月20日，中共中央总书记、国家主席、中央军委主席习近平在于都县梓山富硒蔬菜产业园考察调研时指示："这里有丰富的富硒土壤资源，一定要打好这个品牌，让富硒农产品在市场上更加畅销。"

2016年5月，中国地质调查局向于都县提交《于都梓山地区1:5万土地质量地球化学调查》成果，提出在梓山地区开发建设富硒特色农业基地的建议。

当地政府充分发挥富硒资源优势，引进金瑞盛、怀德等生态农业公司，通过"龙头企业+合作社+农户（贫困户）"模式，建成了以富硒蔬菜、葡萄、优质稻等为主导产业的富硒高科技产业园。

于都梓山潭头富硒蔬菜产业园

产业园带动385户农户实现土地流转，户年均增收1300多元；124户农户通过合作社入股蔬菜企业，户年均增收2000多元；本村200余名群众在基地务工，人年均增收近万元。

潭头村建成了美丽江西的赣南样板，村民的生活"芝麻开花节节高，今后日子会更好！"

村美民富潭头村

习近平总书记考察调研的蔬菜大棚

潭头社区富硒食堂

于都梓山现代农业高科技博览园

2017年10月17日开园

2016年初，中国地质调查局完成于都梓山地区1:5万土地质量地球化学调查工作，完成调查面积155km²，同时采集土壤样品1072件，农作物根系土壤样品49件，灌溉水样20件，农作物样品49件。调查结果显示梓山地区土壤环境质量优良，土壤硒元素含量丰富，灌溉水质量良好，进一步圈定富硒土地资源16.6km²。

2017年2月，于都县结合梓山镇的实际情况及区位优势，围绕323国道沿线的梓山村、潭头村等9个村（含3个贫困村），规划建设以富硒绿色蔬菜基地为主要内容的现代农业高科技博览园。

2017年10月17日，江西于都梓山现代农业高科技博览园开园。博览园范围内有3万人口，辐射7万人口，带动梓山镇全镇尚未脱贫的1135户建档立卡贫困户3966名贫困人口脱贫致富，形成农民增收、农村增美、企业增效、城市增辉的综合效应。

博览园(北区)外景

建设前的北区

建成后的北区

于都梓山现代农业高科技博览园

于都禾丰蔬菜产业精准扶贫示范园

2017年6月，中国地质调查局南京地质调查中心（简称南京地调中心）提交《江西省于都县禾丰地区1:5万土地质量地球化学调查成果报告》及发展富硒农业的规划建议。

2018年7月，于都县禾丰镇尧口村、陂角村、麻芜村等6个村建设乡村振兴试验区，面积达1万余亩，引进鲁盛、山东潍坊、寿光仁和3家公司，建成以富硒绿色蔬菜基地为主要内容的现代农业蔬菜科技产业园和集循环农业、创意农业、农事体验、休闲度假、观光旅游于一体的生态田园综合体。

吸纳2400余户贫困户入股，户年均可增收4000元以上土地流转租金，按照250kg（稻谷）/年进行实物折价，基地就业岗位2000余个，平均可达70元/天。20元/亩的管理服务费，村集体每年可增收20万元，全方位带动了禾丰镇第三产业的发展。

于都禾丰蔬菜产业精准扶贫示范园内景

宁都县青塘镇社岗农业专业合作社

南京地调中心通过土地质量调查发现宁都县青塘—兴国县梅窖地区可供利用的无公害富硒土壤面积34 005亩。青塘富硒集中连片区（万亩级）无公害富硒土地面积12 600亩。

村民以成立专业合作社的形式参与富硒土地资源开发，青塘镇社岗农业专业合作社即位于社岗—坳背重点富硒区中。

专业合作社于2018年7月启动，2019年进一步扩大基地规模，新流转土地654亩，社岗蔬菜基地规模达到1100余亩。以黄辣椒种植为主，亩产值3万元、纯利润1.8万元以上，增加了农民收入，经营主体53户，链接带动贫困户149户，为贫困劳动力178人提供了务工就业岗位。

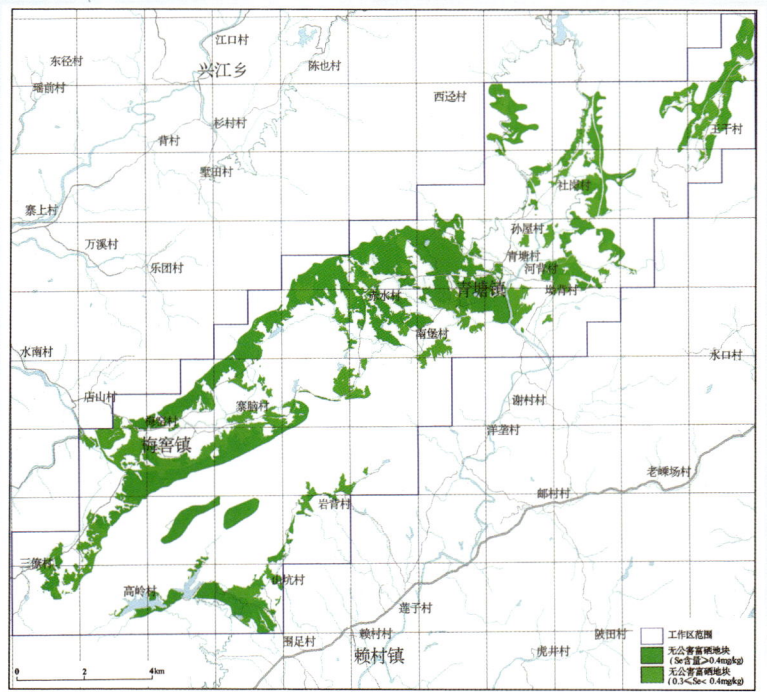

宁都县青塘–兴国县梅窖地区富硒土地开发基地建议图

宁都县青塘镇社岗农业专业合作社大棚

宁都县青塘镇社岗蔬菜基地

于都县洛村万亩富硒油茶产业扶贫示范基地

于都县利村乡洛村万亩富硒油茶产业扶贫示范基地位于洛村南部,面积1万余亩,是利村乡面积最大、标准最高、管理最好、效益最广的油茶产业扶贫基地。

南京地调中心在于都县开展的土地质量调查成果显示:洛村土壤硒含量范围$(0.12\sim0.9)\times10^{-6}$,平均含量$0.4\times10^{-6}$,含量高于$0.4\times10^{-6}$的富硒土壤面积为$12.23km^2$,占全村总面积的80%,主要分布于洛村南部林地,该油茶基地即位于富硒区内。

富硒调查成果为基地贴上了"绿色富硒"的牌子。2021年进入丰产期后,亩产油茶果0.5t,总产量达5000t,年产值6000余万元。油茶采摘季惠及农户500人,户均增收1000元以上,拉动增收效果明显,带动800余户增收,其中脱贫户达200余户,有效地助力巩固脱贫成果,助力乡村振兴发展。

自然资源部领导在现场调研

兴国县春赐福生态茶场示范基地

兴国春赐福生态茶场示范基地位于兴国县崇贤乡贺堂村和齐分村。2017年，中国地质科学院岩溶地质研究所在兴国县开展1:5万土地质量地球化学调查，确认兴国春赐福生态茶场基地土地质量良好，土壤中硒平均含量0.71×10^{-6}，最高含量0.90×10^{-6}，可认定为无公害足硒—富硒茶叶基地。

扶贫模式

- "企业+农户"：为300余户农户提供务工就业岗位，人均年务工增收达2000元，实现了"务工一人，脱贫一户"。

- "企业+大户+农户"：扶植种植及示范大户5户。通过大户示范，推广先进农业生产技术，带动一批贫困户参与生产。

- "企业+扶贫车间+农户"：培训30余户贫困户，建立了"把加工厂建在基地"的高效生产模式，参与务工的贫困户人口日均收入60～200元。

- "企业+基地+农户"：打造茶叶生产、山地休闲、乡村体验、乡村养生于一体的"农旅融合"的休闲基地，开办农家乐，实现了旅游增收。

兴国春赐福生态茶厂外景及车间一角

兴国县九山生姜种植基地

兴国县九山生姜是江西名特农产品之一，为兴国县留龙乡九山村的传统农家产品。九山生姜根茎肥大、皮浅黄色、肉黄白色、粗壮无筋、纤维细少、肉质肥嫩、辛辣味中、品质优质，素有"甜香辛辣九山姜，赛过远近十八乡，嫩如冬笋甜似藕，一家炒菜满村香"之美传。

根据南京地调中心调查结果，九山生姜具有典型的富硒、富锌特征，重金属不超标，区内农作物分析结果显示，10件生姜样品中硒含量均大于$0.06×10^{-6}$，大大高于富硒蔬菜的标准。

兴国九山生姜种植基地带动九山村1700多村民（其中有28户贫困户）就业增收。建成的生态农业专业合作社将在兴国九山—于都龙溪地区大力发展生姜种植，打造富硒、富锌高端家产品，提高产品价值，带动地方脱贫。

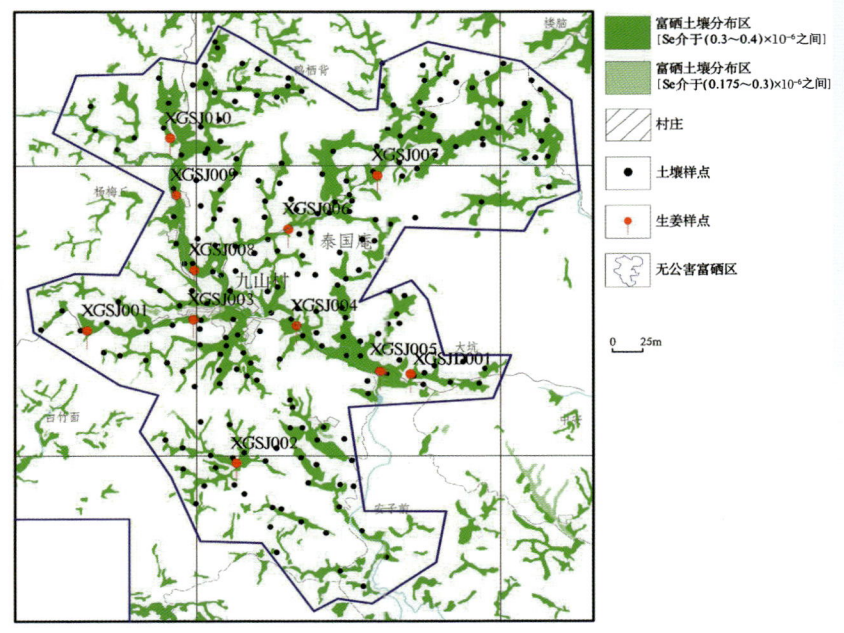

兴国县九山生姜种植基地富硒土壤分布图

龙口调查区埠头乡九山生姜样品统计结果　　　单位：$×10^{-6}$

序号	样号	Se	无机As	Hg	Cd
	上限值	富硒标准 0.01	0.2	0.02	0.2
1	XGSJJ001	0.061	0.233	0.0011	0.066
2	XGSJJ002	0.071	0.031	0.0016	0.052
3	XGSJJ003	0.179	0.136	0.0018	0.161
4	XGSJJ004	0.076	0.064	0.0024	0.077
5	XGSJJ005	0.065	0.065	0.0026	0.033
6	XGSJJ006	0.084	0.059	0.0068	0.02
7	XGSJJ007	0.067	0.05	0.0024	0.023
8	XGSJJ008	0.081	0.052	0.0016	0.016
9	XGSJ009	0.081	0.04	0.0027	0.018
10	XGSJ010	0.077	0.023	0.0049	0.021
11	XGSJD001	0.041	0.016	0.0034	0.323

第二部分

水文地质调查与找水打井
全力保障居民饮用水安全

支撑服务赣南革命老区脱贫
攻坚地质调查示范成果图册

——提高区域水文地质条件认识水平

完成赣州4县(区)22个图幅10 120km²的1:5万区域水文地质调查工作,提高了对赣州4县(区)水文地质条件与地下水资源分布的认识水平,为后续找水打井提供基础。

——施工探采结合井　保障饮水需求

在赣州4县(区)实施探采结合井310口,总涌水量超过4.5万t/d,直接解决贫困区12万余名群众饮水安全问题,可满足30万人用水需求。

——监测水质与水量　保证安全用水

综合评价地下水资源,开展水质动态监测与跟踪评价,设立井口标识,提出使用建议,为地方配套开发利用探采结合井提供技术支持。

——找到1处县城应急供水后备水源地

为兴国县勘查获得县城应急供水后备水源地,可保障10万余人的安全饮水。

——发现珍稀天然优质矿泉水点　圈定多处地热靶区

新发现矿泉水点179处,其中天然优质饮用矿泉水点90余处,发现了富锂矿泉水、富锶偏硅酸矿泉水和超低电导率天然纯水等稀有类型,发现2处地下热水和6处理疗矿泉水资源,为发展"水产业"提供资源保障。

——建设安全饮水示范工程

建设打井找水入户示范工程、城镇供水配套工程、群组多户供水示范井、学校安全饮水保障示范井、单门独户自给示范井、农业产业基地供水示范井等共98处,为红层盆地区季节性缺水提供解决方案。

赣县区夏潭村安全饮水入户示范工程

2017年,中国地质调查局武汉地质调查中心(简称武汉地调中心)在夏潭村实施2口安全饮用水井,单井水量大于200t/d,能满足夏潭村1300余人生活用水和远期乡村旅游发展规划用水需求。示范工程按照"一户一表一龙头"的要求通管到户,每家每户都喝上了放心、甘甜的自来水,全村安全饮水率达到了100%。

建设高位水池、取水泵房和管网设施等配套设施,实现夏潭村320户"一户一表一龙头"的目标。

打井找水,入户示范工作得到当地政府与百姓的高度认可,命名为"民心井"。

部领导现场调研找水打井

夏潭村民庆祝找水成功

夏潭安全饮水入户示范工程

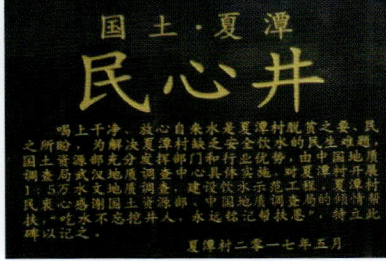 

村民感激中国地质调查局

赣县区墩上村安全饮水示范工程

墩上村位于赣江支流汞水左岸，地处茅店盆地白垩系红层分布区，是典型的红层盆地缺水区。该村固守贡江却长期缺乏安全饮用水，尤其是枯水期间，基本生活用水毫无保障，饮水安全问题困扰地方，也是本区贫困的重要原因之一。

2017年，武汉地调中心通过实地调研、技术勘察和井位论证优选，在墩上村组织实施了一口饮水示范井。同年11月底，墩上村探采结合示范井成功出水，水量达120t/d，水质完全符合安全饮用水标准。2018年，赣州市赣县区江口镇人民政府积极配套扶贫资金，为该村3个村民小组建设蓄水池和入户管网工程，墩上村示范井于2018年8月8日成功实现试供水，解决了该村260余人的安全饮水问题。

中国地质调查局领导现场调研示范井

村民向找水打井队员赠送锦旗

村民迫不及待来井上挑水

于都县银坑镇谢坑村饮水示范工程

谢坑村隶属国家级贫困县于都县银坑镇,辖 16 个村民小组 727 户 3272 人,其中贫困户 136 户 570 人(2017 年)。谢坑村群众生活用水主要为周边水塘、溪谷、水窖、大口井等的地表水,细菌、农药残留等有可能超标,导致水质无保障,遇干旱或少雨季节,经常出现人畜饮水困难的情况,村民们急切盼望能用上安全放心的饮用水,饮水安全是全体村民之所望,是脱贫攻坚之所向。

武汉地调中心在谢坑村实施 2 口探采结合井,单井出水量达 1000t/d 以上,可以解决谢坑村困难群众 3000 人安全饮水需求。为进一步加大对苏区贫困区精准扶贫支撑力度,并结合当地实际需求,武汉地调中心和当地政府联合共建供水工程,当地政府通过衔接农村安全饮水改造项目,可为谢坑村、香塘村、冷水村和坪塅村 4 个自然村 10 000 余人直接解决安全饮水问题。

中国地质调查局领导现场调研示范工程

于都县银坑镇谢坑村饮水示范工程

兴国县埠头乡西霞安全供水示范工程

中国地质调查局水文地质环境地质调查中心(简称水环中心)充分发挥找水技术优势,在探获优质饮用水源的基础上,打通群众饮水"最后一公里",协同地方建设了西霞供水示范工程,形成了供水井、取水设备、净水设备、自动化控制室、蓄水设备和配水设备完整体系,直接为石坳子、汤屋1200余人送上了优质饮用水,解决了2000多亩耕地灌溉用水需求。通过预留的输水口,还可辐射解决附近3个行政村约8000人的饮用水问题,实现了中央带动地方共同投入协力扶贫的模式。

埠头乡西霞安全供水示范工程

自然资源部领导现场调研示范工程

中国地质调查局找水打井施工现场

宁都县东山坝镇小源村曾下组安全饮水示范工程

村民在找水打井现场围观

小源村向武汉地调中心赠送锦旗

小源村曾下组安全饮水示范工程泵房

宁都县东山坝镇小源村因饮用水水质差，属于典型的水质型缺水村，3500余名群众长期饱受缺乏安全饮水的困扰。2019年7—10月，武汉地调中心通过开展详细的地面调查、物探、钻探等工作，成功实施一口探采结合井，单日水量达750t，并援建了抽水泵房1座，该示范井于2020年3月竣工后，当地配套了160万元资金实施全村管网入户工程，目前已有1600余名群众用上自来水。

赣县区大埠乡杨西村安全饮水示范工程

杨西村群众一直采用山间溪谷地表水为饮用水水源,受赣南气象降雨及水文地质条件等因素影响,秋冬旱季水量严重不足,春夏雨季水质浑浊,属于赣南山区农村典型的季节性缺水村。2019年下半年,恰逢赣州遭遇百年一遇的旱灾,该村供水水源几近干涸,1200余名群众面临无水可用的困境,加剧了当地脱贫攻坚对安全饮水考核的担忧。

武汉地调中心及时前往杨西村开展找水工作,成功实施一口单日水量达到256t的探采结合井,并于2019年12月提供给当地应急使用。在此基础上建设了泵房,捐赠了水泵、水管等设备和材料,于2020年3月建成安全饮水示范井,彻底解决了该村群众用水需求。

找水打井队员向村民介绍示范井情况

大埠乡杨西村找水打井现场

兴国县杰村乡和平村安全饮水示范工程

兴国县杰村乡和平村地处白垩系红层盆地内，全村 2300 余人，村内集中用水的水源为山顶一塘坝，水质不稳定，时常发绿恶臭，且存在铁锰超标，村民自打浅井使用，成本高且水量难以保证，加之 2019 年下半年，受连续数月干旱少雨的天气影响，村民饮水安全受到严重威胁。

中国地质调查局水文地质环境地质调查中心在对该村进行精准需求对接后，通过总结前期未出水干孔经验，深入分析地质、水文地质条件，再经过多手段物探勘查，攻克红层盆地找水瓶颈，成功实施 2 眼水井，水量超过 200t/d。

水井移交后，兴国县即安排专项扶贫资金开展配套工程建设，迅速完成覆盖全村 2300 余人的饮水管网入户，老百姓在确定是钻深井取水后，开户积极性很高，自 2020 年 3 月下旬引水入户开通以来，供水工程每天供水近 200t，水量、水质稳定，有力保障了和平村安全饮水，通过国家脱贫检查验收。

杰村乡和平村安全饮水井泵房

杰村乡和平村安全饮水井出水瞬间

兴国县高兴镇合兴村横岗组安全饮水示范工程

兴国县高兴镇合兴村横岗组地处白垩系红层盆地内，在进行需求精准摸排时，了解到该村组生活用水主要为自备浅井水，存在季节性缺水问题。2019年下半年，受持续干旱影响，该村有73户302人出现安全饮水问题。

中国地质调查局水文地质环境地质调查中心通过现场调查发现，该村组希望开展打井区域，场地条件极其受限，靠近输电线路。为了能够确定合适孔位，在该村组开展了2d物探工作，最终成功实施一眼出水量257t/d的水井，可满足供水需求。兴国县安排专项扶贫资金，对该井实施了引水入户配套工程，解决了该村村民的饮水问题。

高兴镇合兴村横岗供水示范工程

安全饮水井出水后地质队员现场喝水

安全饮水井所在位置

兴国县高兴镇长迳村安全饮水示范工程

长迳村安全饮水井泵房

长迳村安全饮水井出水瞬间

兴国县高兴镇长迳村地处白垩系红层盆地内，通过工作摸排了解到，该村新山、新店、上街、下街4个村组277户共计1308人，其中贫困户31户125人，存在季节性缺水问题，安全用水得不到保障。

中国地质调查局水文地质环境地质调查中心于2017年在该村通过遥感解译、地面调查、物探等多种方法，详细研判红层区含水层特征，成功实施水井1眼，水量107t/d，经检测水质偏硅酸含量达到矿泉水限量指标标准。水井移交后，兴国县安排专项扶贫资金，完成泵房、蓄水池、管网入户等配套工程，在2020年4月，通过了脱贫攻坚国家检查验收，为该村组以后用水安全提供了保障。

兴国县梅窖镇寨脑村安全饮水示范井

梅窖镇寨脑村是人口近7000人的大村庄,该村大多引山泉水或自挖浅井作为生活用水,经常出现季节性缺水问题。兴国县政府为改善群众生活用水,在梅窖镇各村组逐步建成供水管网,但因缺乏水质达标的供水水源,部分供水管网一直未能发挥作用。

中国地质调查局水文地质环境地质调查中心找水打井突击队通过遥感解译初选工作靶区、地面调查确定构造控水特征、地球物理勘探地质结构和综合研判确定井位,成功打出了2眼水井,每天总出水量可达近5万 m^3。在水井移交后,梅窖镇即开展配套工程建设,作为梅窖镇集中供水水源,一举解决了困扰该镇的安全饮水问题。

寨脑村找水打井施工现场

寨脑村安全饮水示范井井台

中国地质调查局专家现场调研寨脑村安全饮水示范井

宁都县洛口镇灵村刘均前组供水示范工程

灵村刘均前组有107户300余人，村民们一直以山泉水为主要水源，季节性缺水现象严重，水质也很不稳定。2019年，该村组自行筹资组织人员打井4处，孔深30~80m，但均未成功。

为落实自然资源部和中国地质调查局领导的指示，南京地调中心组织精干力量投入赣州4县（区）安全饮水会战。在需求点逐一现场摸排的基础上，在宁都县洛口镇灵村刘均前组先行启动物探、钻探工作。2019年10月1日晨，会战增援赣州的第一眼探采结合井成功出水，为伟大祖国庆生！

该孔井深100m，日出水量240m³，水质达到偏硅酸矿泉水标准，高质量满足村组300余人的安全饮水需求。

2019年10月，自然资源部党组书记、部长陆昊两次批示："多做实事，应该表扬"，"要多做力所能及的实事，表扬南京地调中心"。

国庆井泵房　　　　　　村民第一时间来挑水喝　　　　　　村民向找水打井队员赠送锦旗　　　　　　国庆前夕连夜打井施工

于都县峡山小学安全饮水示范井

峡山小学位于于都县罗坳镇峡山村，地处花岗岩广泛发育的丘陵地区，全校258名师生仅靠校园内的一口浅井作为生活水源。浅井位于一处水塘旁，由于附近有生活污水排放导致水质较差。峡山小学属于赣南典型的"水质型缺水"需求点。

2020年4月20日，武汉地调中心专家到校进行勘测选址、找水打井，仅用10d便成功施工完成一口水量320t/d的探采结合井。5月底，峡山小学水泵水管、洗刷池、抽水泵房全部完工，师生们用上了清洁的地下水。

在中国共产党建党99周年之际，自然资源部中国地质调查局向于都县峡山小学捐赠了一批地质科普读物及学习图书。

峡山小学安全饮水示范井出水

峡山小学安全饮水示范井泵房

峡山小学通上井水

中国地质调查局向峡山小学捐赠图书

宁都县青塘中学安全饮水示范井

"感谢您让我和同学们喝上了甘甜的深井水,解决了困扰我校1300余师生多年的饮用水问题……这是我们收到的最好的新年礼物。"

——江西省宁都县青塘中学九(二)班学生何嘉给自然资源部领导的信

青塘中学地处青塘镇青塘村牛皮岗,自1958年建校以来,学校一直被饮用水问题困扰。2018年,江西遭遇了罕见的大旱,连续4个多月没有下过雨。受旱情影响,学校自建的储水塘干涸了,自打的6口普通井也没有水了。

2019年7月,武汉地调中心专家到校勘测选址、找水打井。同年12月,项目技术人员建造完成示范井工程,并铺设了供水管网,修建了井房,开始试供水。

终于,青塘中学饮水这一持续多年的"老大难"问题彻底解决了!

青塘中学安全饮水示范井

找水专家向部领导介绍青塘中学安全饮水示范井

宁都县会同乡敬老院供水示范工程

会同乡敬老院缺水人口共计125户135人,均为贫困户。全院老人生活饮水来源主要以敬老院旁边一大口井为主,水质有保障但水量无保障,枯水期缺水尤为严重,2019年下半年连续数月干旱少雨,大口井水量严重不足,老人们的日常生活饮水难以为继。

南京地调中心会同敬老院实施了1口钻井,11月3日于孔深151m处顺利终孔。经抽水试验,稳定降深为20m条件下,涌水量可达193m³/d,后期进一步配套了提水设备,并配套输水管道,将优质水源接入敬老院水塔中,水源再通过敬老院内的管网供全院的老人们使用。

随着"敬老井"的投入使用,老人们生活饮水的燃眉之急得到解决,看着涓涓井水,老人们纷纷喜笑颜开。"敬老井"的实施,将为老人们幸福的晚年生活提供有力保障!

会同乡敬老院安全饮水井出水瞬间

会同乡敬老院安全饮水井井口标志

敬老井使用情况回访

兴国县高多村田园综合基地灌溉水示范

兴国县高多村田园综合示范基地是兴国县在高标准农田改造的基础上，重点推进发展成的以蔬菜、瓜果为主的现代生态农业产业园，形成了"现代农业+土地入股+农民就业"产业精准扶贫典范。基地位于严重贫水的红层砂泥岩区，地下水分布极不均匀，由于灌溉水源无法解决，蔬菜种植一再延迟，基地建设严重滞后。

中国地质调查局水文地质环境地质调查中心在严重贫水的红层分布区，克服多重困难，水文、遥感、物探多方共同努力，采用气动潜孔锤钻进工艺，完成了4眼井的钻探施工，总涌水量达到1082m³/d，彻底解决了1000亩绿色蔬菜灌溉用水需求，为高兴镇高多村现代农业观光采摘、红色景点、丹霞地貌、古迹遗址、风水品鉴"五合一"田园综合示范基地建设提供了水资源保障。

找水打井施工现场

找水打井出水瞬间

专家现场把脉问诊

大埠乡杜屋村矿泉水勘查井

武汉地调中心在赣县区和于都县共发现矿泉水点36处，其中34处偏硅酸型矿泉水点、1处富锶型矿泉水点和1处富锶-富锂-偏硅酸复合型矿泉水点，据此圈定矿泉水资源开发潜力区9处，并成功实施矿泉水勘察孔3个，3孔总涌水量1034t/d（折合约38万t/a），潜在经济价值约1.5亿元，为当地产业扶贫提供了新的途径。

偏硅酸现场测试

2019年赣县区政府、江西省地质调查院利用杨西村偏硅酸矿泉水勘察孔成果，成功申报了江西省矿泉水地勘基金项目。项目成果切实起到了"公益先行、基金衔接"的示范引领效果。

赣县区大埠乡杜屋村777t/d
矿泉水勘察井

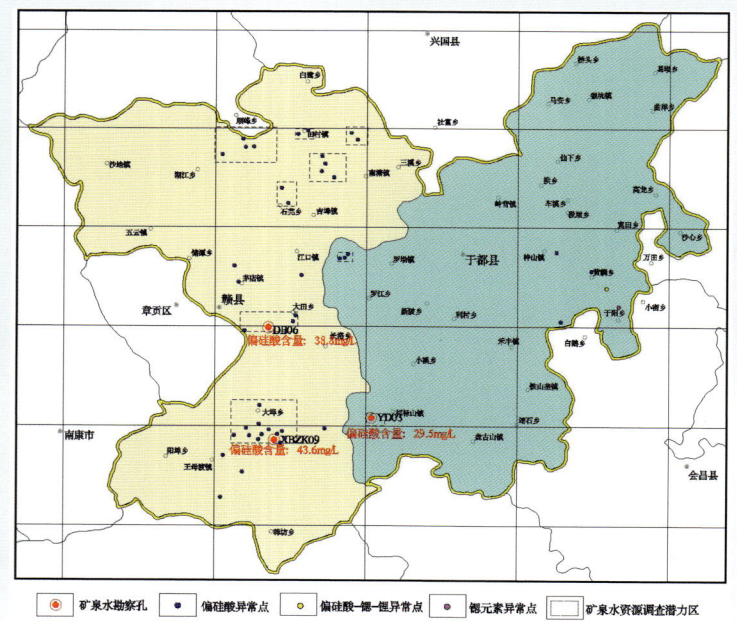

赣县区、于都县矿泉水资源分布图

于都县黄麟乡公馆地区地热资源勘查

中国地质调查局在赣南原中央苏区开展地热资源调查,圈定7处可供进一步开展工作的地热找矿靶区。

于都县黄麟乡公馆地区已发现较好的地热资源,但因地处高速铁路沿线保护区而禁止开发,在保护区外找"热"成为当地政府和群众脱贫致富的迫切需求。南京地调中心通过大量的调查和物探工作,确定了ZK4-1地热孔的位置,并科学实施钻进,取得了重要进展,觅得经济实用型地热珍贵宝藏,孔口水温达44.5℃,日出水量900t。该地热水可命名为氟水、硅水、理疗矿水,另含有Sr、Li等多种对人体有益的微量元素,具有极高的温泉康养价值,开发前景广阔。

南京地调中心建议于都县政府将旅游资源与温泉康养相结合,打造丹霞地貌、客家文化、山水文化、红色文化为一体的多元化的旅游度假产业,拉动就业和社会需求,助力农民增收,促进当地经济发展。

黄麟地热井成果移交

热气腾腾的地热水

项目施工现场

于都县领导现场调研地热井

宁都县小布镇地热水资源勘查

中国地质调查局水文地质环境地质调查中心在小布镇全域实施了矿泉水普查工作,发现14处天然优质偏硅酸矿泉水点,实施了两眼优质理疗矿泉水井,涌水量合计3050t/d,实现了地热盲区井口水温31.4℃的突破,圈定极富地热潜力靶区1处,深度支撑了小布镇培育旅游产品和经济作物多元化。

中国地质调查局水文地质环境地质研究所进一步在小布镇成功探获孔口水温45℃、日出水量700t的地热井,服务小布镇"全国十大旅游小镇"建设。

小布镇地热井施工现场

地质队员在野外开展构造调查工作

小布镇地热井成果移交

地质队员在野外开展地热线索调查

第三部分

地质灾害监测预警
保障生命财产安全

支撑服务赣南革命老区脱贫
攻坚地质调查示范成果图册

——进一步核实赣州市地质灾害隐患点

明确赣州地区共存在地质灾害隐患点 25 732 处，明确其地质环境特征、灾害体特征、变形迹象、威胁及危害情况。

——建设完成赣州市地质灾害信息平台

建成赣州市地质灾害信息平台并上线运行，动态更新管理赣州全市地质灾害数据库，全面掌握地质灾害点、切坡建房点等信息，助力地方政府防灾减灾。

——开展群专结合地质灾害监测预警示范

建立专业监测预警示范点 6 处和群测群防简易监测点 7 处，进一步完善地质灾害"人防+技防"模式。

——地质灾害防治和防灾避险宣传培训

开展地质灾害防治人员及社会公众培训 1000 人次，制作地质灾害点信息展示牌，编制并印刷防灾避险宣传手册 300 册、地质灾害科普挂图 1000 册。

赣州市地质灾害信息平台

2019年10月31日，建成赣州市地质灾害数据库，搭建完成赣州市地质灾害信息平台，在18个县（市、区）全面运行，为赣州市提供地质灾害信息管理服务。

动态更新全市及各县(市、区)的地质灾害数据库。

掌握和管理全市及各县(市、区)的地质灾害点、切坡建房点、一表两卡、群测群防员等信息。

实现全市地质灾害气象预报预警。

基于群测群防员巡查和群专仪器的自动化监测结果，实现地质灾害隐患点变形自动预警。

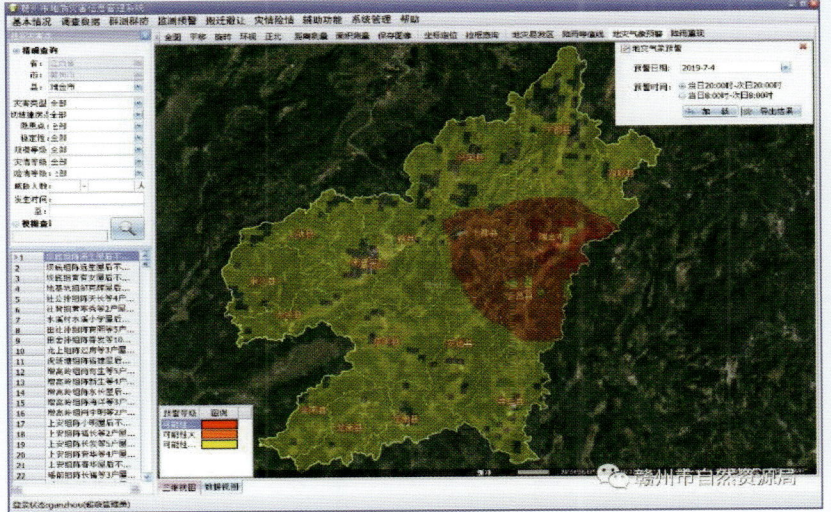

赣州市地质灾害信息平台

兴国县春江村师木滑坡监测点

该示范点由中国地质调查水文地质环境地质调查中心组织实施，春江村师木滑坡以居民屋后切坡为边界，后缘至斜坡顶部，受牵引在斜坡顶部形成凹地。滑坡整体长约87m，宽约43m，前后缘高差约20m，根据物质组成和破坏方向，将滑坡分为岩质切坡变形区、主变形区和滑坡区。

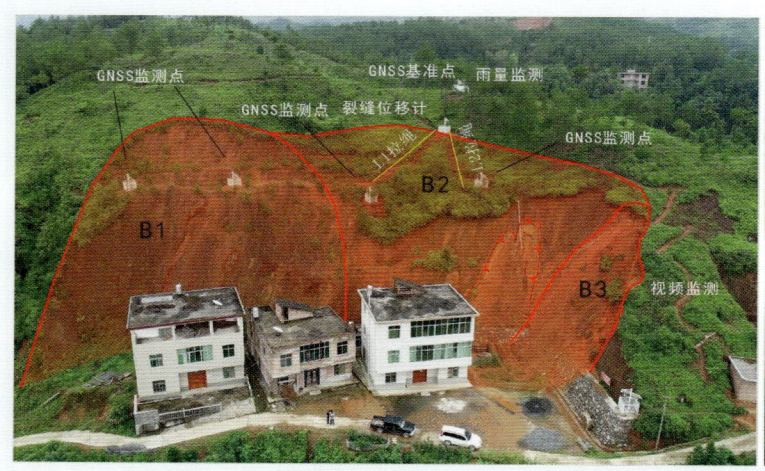

兴国县春江村师木滑坡监测设备部署

兴国县春江村师木滑坡监测设备

兴国县春江村师木滑坡监测设备

设备	雨量计	GNSS地表位移	地表位移计
监测内容	降雨量/(mm·min^{-1})	地表三维位移/mm	裂缝相对位移/mm
测量范围	0.01～4	不限	2000
精度	0.2	水平2.5，垂直5	1

宁都县赖村镇老嵊场村滑坡监测点

该示范点由中国地质调查局水文地质环境地质调查中心组织实施,老嵊场村马路组滑坡以居民屋后切坡为侧边界,长约42m,宽约40m,厚度约4m,规模约67 200m³,属于小型规模;威胁居民4户共24人,威胁财产80万元,属较大险情;滑坡位移方向为160°,属土质层内错动滑坡。

宁都县赖村镇老嵊场村滑坡监测点设备部署

宁都县赖村镇老嵊场村滑坡监测点主要监测设备

宁都县赖村镇老嵊场村滑坡监测设备

设备	雨量计	群测群防伸缩仪	地表位移计	含水率
监测内容	降雨量/(mm·min⁻¹)	裂缝相对位移/mm	裂缝相对位移/mm	岩土体含水率/%
测量范围	0.01~4	5000	2000	0~100
精度	0.2	1	1	±1

于都县罗坳镇岩背村钟屋组监测点

滑坡位于于都县罗坳镇岩背村钟屋组，发育于崩坡积层中。滑体平面呈箕形，长150m，平均宽90m，剖面呈折线形，平均厚度5m，体积6.75万 m^3，主滑方向为120°，主要影响因素为降雨、切坡等，威胁村级公路400m，农田10亩，鱼塘2口，潜在经济损失约50万元。2019年5月19日，中国地质调查局王研副局长到监测点进行现场调研和指导工作。

安装仪器：雨量计1套，裂缝计2套，GNSS 4套，含水率计与基质吸力计各3套。

2020年2月16日监测预警平台通过手机短信发布该滑坡的预警信息。

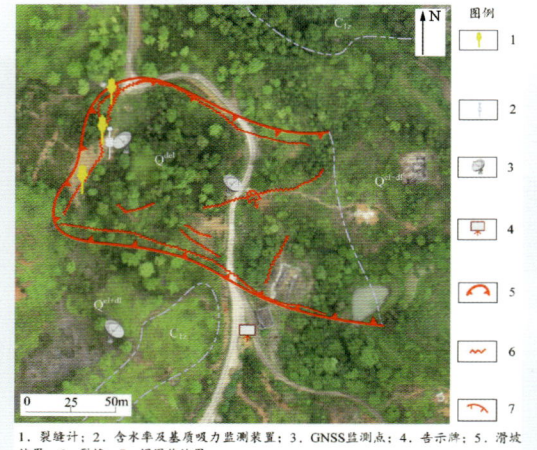

1、裂缝计；2、含水率及基质吸力监测装置；3、GNSS监测点；4、告示牌；5、滑坡边界；6、裂缝；7、塌滑体边界

监测平面图

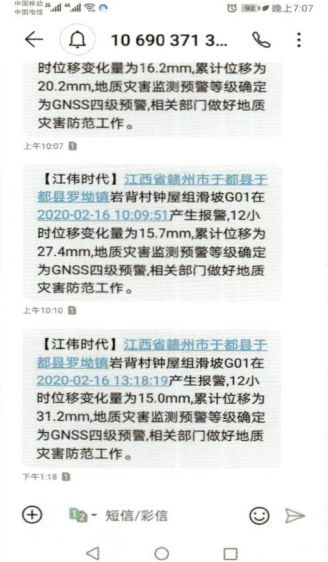

监测预警手机短信

GNSS监测站

滑坡告示牌

王研副局长调研

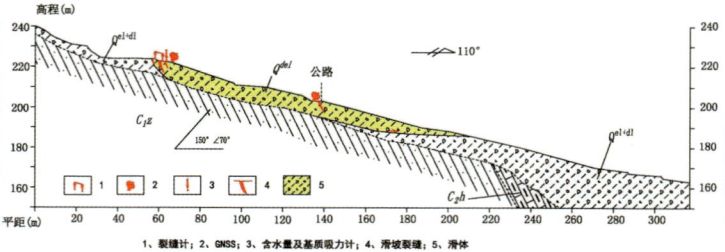

1、裂缝计；2、GNSS；3、含水量及基质吸力；4、滑坡裂缝；5、滑体

监测剖面图

兴国县鼎龙乡杞下村黄乾九等3户屋后滑坡

该滑坡位于兴国县鼎龙乡杞下村向阳组黄乾九屋后，发育于晚侏罗世花岗岩强风化岩体中。滑坡平面形态呈半圆形，纵长约40m，横宽约60m，面积约2400m²，主滑方向约280°，剖面呈台阶状，前缘高程235m，后缘高程260m，平均厚5m，体积12 000m³。主要影响因素为降雨、切坡等，直接威胁黄某波等3户14人的3栋3层砖结构楼房安全，潜在经济损失约150万元。

安装仪器：雨量计1套，裂缝计3套，GNSS2套，摄像头1套，含水率计与基质吸力计各3套。

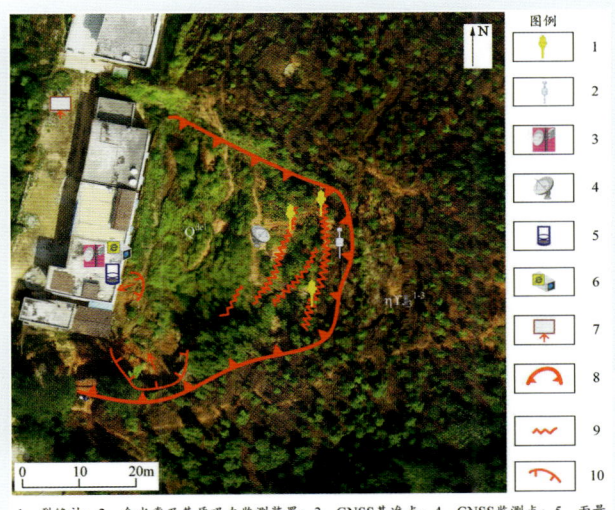

1. 裂缝计；2. 含水率及基质吸力监测装置；3. GNSS基准点；4. GNSS监测点；5. 雨量计；6. 实时监测摄像装置；7. 告示牌；8. 滑坡边界；9. 裂缝；10. 塌滑体边界。

监测平面图

雨量计+摄像头

GNSS监测站

滑坡告示牌

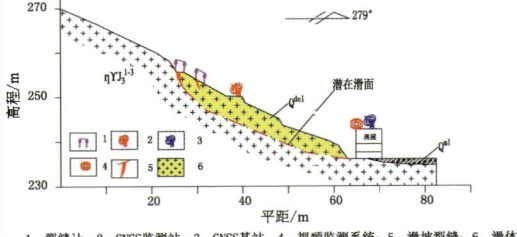

1. 裂缝计；2. GNSS监测站；3. GNSS基准站；4. 视频监测系统；5. 滑坡裂缝；6. 滑体。

监测剖面图

兴国县兴莲乡下埠村张继玉屋后滑坡

该滑坡位于兴国县兴莲乡下埠村丰富坪组张某玉屋后,发育于变质岩强风化破碎岩体中。滑体平均宽45m,长90m,平面呈长舌形,主滑方向282°,面积4050m²,后缘至坡体缓坡平台,高程270m,前缘至张某玉屋后坡脚处,高程225m,剖面呈阶状,平均厚5m,体积20 000m³。主要影响因素为降雨、切坡等,直接威胁到村民张某玉一家5人及一栋4间3层砖混结构楼房的安全,威胁资产约40万元。

安装仪器:裂缝计2套,GNSS 3套,摄像头1套。

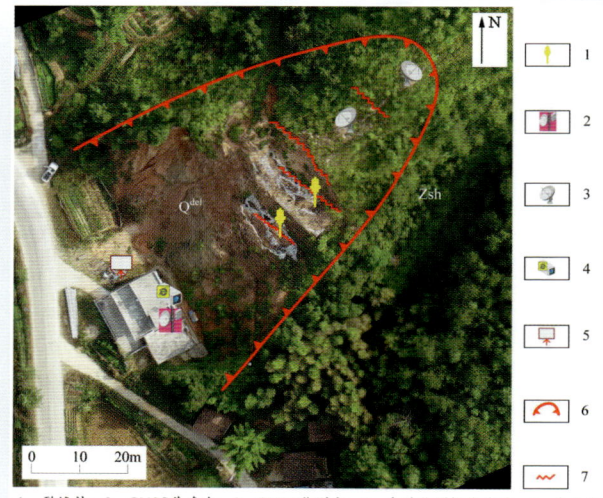

1. 裂缝计;2. GNSS基准点;3. GNSS监测点;4. 实时监测摄像装置;5. 告示牌;6. 滑坡边界;7. 裂缝。

监测平面图

滑坡告示牌

GNSS基站+摄像头

裂缝监测站

1. 裂缝计;2. GNSS监测站;3. GNSS基站;4. 视频监测系统;5. 滑坡裂缝;6. 滑体。

监测剖面图

于都县金桥科技示范园崩岗监测点

于都县金桥科技示范园地处于都县城东侧，崩岗群发育在低缓丘陵上，主要为条形崩岗、瓢型崩岗和混合型崩岗。崩岗群侵蚀的母体为泥盆纪云山组（D_2y）灰绿色粉砂岩发育的风化壳。

武汉地调中心用地基干涉雷达对金桥崩岗群的形变进行监测。2019年7月3—5日，监测结果显示金桥崩岗群西及西南方向变形明显移动的目标位移可达15~20mm，东北方向变形小于4mm，显示其相对较稳定。项目组将监测结果及时报告地方地质灾害主管部门，并纳入群专结合地质灾害监测预警示范点中。

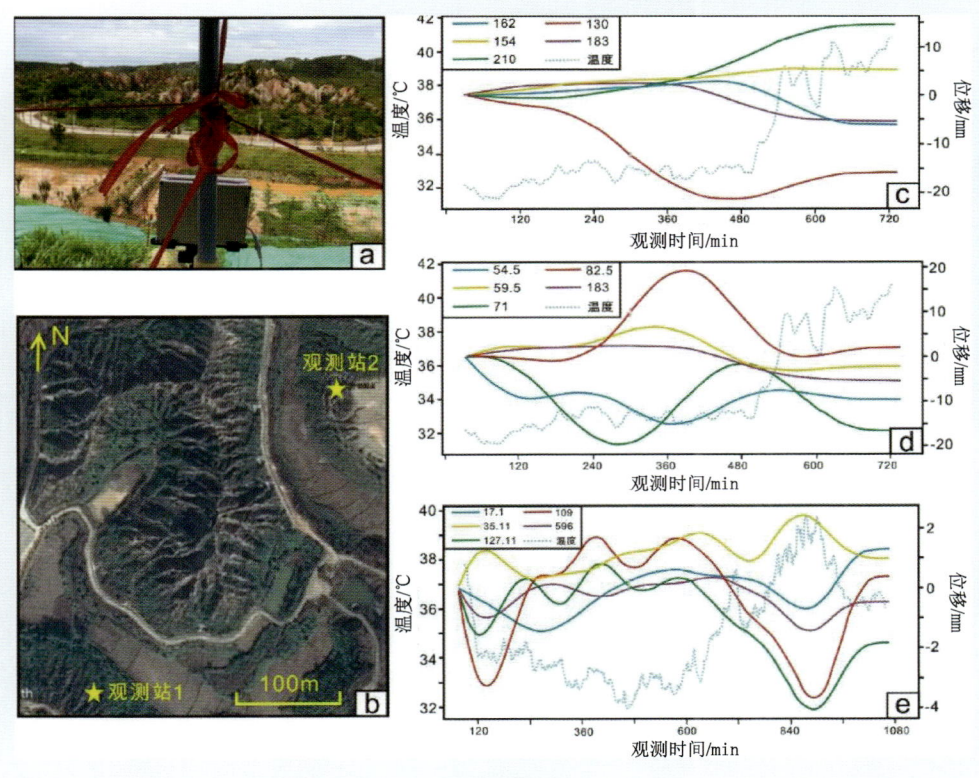

雷达监测结果
a. C波段地基干涉雷达；b. 观测站位置；c. 第一次观测中明显移动的目标；d. 第一次观测中较大幅度波动的目标；e. 第二次观测的代表目标

于都县梓山镇下潭村移民安置点滑坡

该滑坡位于于都县梓山镇下潭村移民安置点旁，为一老滑坡体在人类工程活动和降雨激发作用下复活。滑体长120m，宽250m，平均厚10m，残存体积30万 m^3，在人类工程活动与降雨作用下解体，形成残留区、变形区与滑移区。前缘滑移区堆积体长50m，宽200m，平均厚8m，体积8万 m^3；滑移区后缘变形区变形体长150m，宽20m，平均厚10m，潜在变形体积3万 m^3。该滑坡主要影响因素为降雨、切坡等，威胁到坡体下方的下潭村村委会、下潭村卫生院、一栋4间3层的民房、一栋4间4层的木料加工厂和一座石膏加工厂等150人的生命财产安全，潜在经济损失约500万元。

安装仪器：雨量计1套，裂缝计3套，GNSS 3套，声光报警器1套。

雨量计+声光报警器　　裂缝监测站

滑坡告示牌

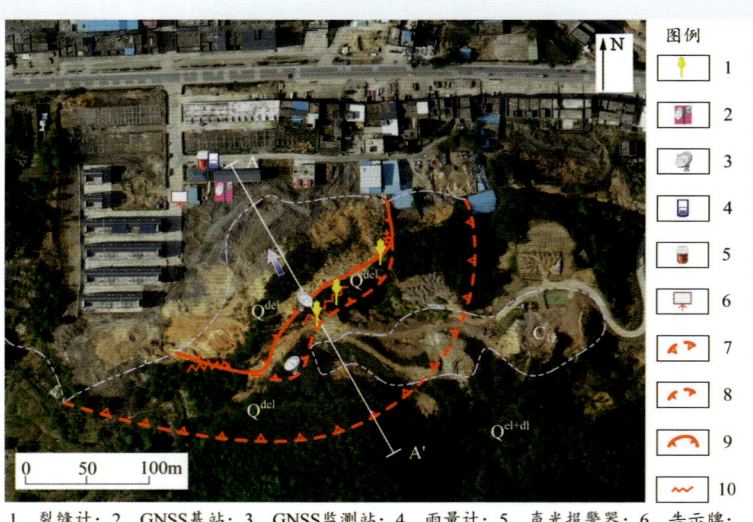

1. 裂缝计；2. GNSS基站；3. GNSS监测站；4. 雨量计；5. 声光报警器；6. 告示牌；7. 老滑坡边界；8. 变形（潜在滑移）区边界；9. 滑移区边界；10. 裂缝。

监测平面图

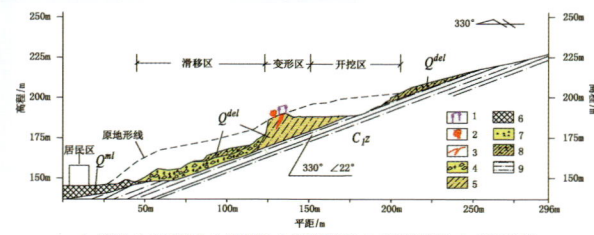

1. 裂缝计；2. GNSS监测点；3. 滑坡裂缝；4. 新滑坡碎块；5. 老滑坡块裂体；6. 早期人工堆积；7. 新滑坡堆积碎石土；8. 老滑坡堆积碎石土；9. 泥质粉砂岩。

监测剖面图

兴国县东村乡澄江村井下滑坡监测点

澄江村井下滑坡为居民屋后切坡建房形成的斜坡不稳定体，长约 15m，宽约 35m，厚约 2m，主滑方向为 130°。滑坡后缘及左侧缘位置均发育平行于滑坡前缘方向的裂缝，长 2～5m，深 1～2m，影响 2 层房屋 1 栋，威胁人口 18 人。

中国地质调查局水文地质环境地质调查中心在该滑坡后缘及左侧缘后部裂缝位置布设有 2 台滑坡预警伸缩仪器。2019 年 6 月 8 日建成投入运行，在安装完成后的第二天即实现成功预警。6 月 9 日 7 点 47 分 01 秒 2# 滑坡预警伸缩仪在微信平台上发布预警信息，滑坡于 8 时发生第一次滑动，滑坡冲毁房屋窗户，滑体滑入一楼客厅；10 点 25 分 03 秒 1# 滑坡预警伸缩仪发布预警信息，随后至午时滑坡再次发生两次滑动，滑体堆积至房屋后墙，淤积 2m 余高。由于预警及时，当地居民防范得力，未造成人员伤亡。

滑坡预警伸缩仪

屋后滑坡隐患

兴国县茶园乡六科村四锡组滑坡监测预警示范点

为贯彻自然资源部陆昊部长关于加快地质灾害普适型监测预警装备试点工作的批示精神，按照中国地质调查局地质灾害监测预警普适型仪器设备示范试用工作任务安排，武汉地调中心建成5处地质灾害监测预警普适性仪器设备示范试用点。

图为工作人员在兴国县茶园乡六科村四锡组滑坡监测预警示范点进行滑坡致灾特征野外现场调查、监测仪器安装。

监测设备现场安装与指导

百姓屋后滑坡面

滑坡造成民房部分损毁

第四部分

地质遗迹资源调查
推动特色旅游发展

支撑服务赣南革命老区脱贫
攻坚地质调查示范成果图册

——开展地质遗迹调查推动赣州市全域旅游

实施赣南革命老区地质遗迹资源调查，摸清赣南地区地质遗迹资源家底，发现赣州市地质遗迹资源丰富，查明82处地质遗迹，鉴评出世界级地质遗迹点3处，国家级地质遗迹点6处，推动赣州市全域旅游发展总体规划实施。

——推动建立赣州市（县）地质遗迹保护体系

加大地质遗迹保护调查和科学研究力度，提出保护与科学利用建议，进一步在赣南形成国家级的丹霞地貌地质遗迹资源开发与化石保护基地。

——支撑地方申报地质公园和矿山公园

支撑地方成功申报1个国家地质公园、2个国家矿山公园、3个省级地质公园，助推赣州市获得"中国恐龙之乡"称号，推动兴国县高多、宁都县大洲塘等2处地质文化村建设。

——普及地质文化知识　促进美丽乡村建设

在兴国县高多村挖掘地质文化元素和特色资源，打造地质文化村，助推集红色文化、绿色景观、古朴民俗与地质遗迹于一体的美丽乡村建设。

- 国家地质公园：石城县通天寨国家地质公园。
- 国家矿山公园：于都县盘古山矿山公园、大余西华山矿山公园。
- 积极推动赣州市恐龙化石的保护开发与利用工作，赣州市成功获得"中国恐龙之乡"称号。
- 省级地质公园：上犹县五指峰地质公园、兴国县丹霞地质公园、信丰县香山地质公园。
- 地质文化村：兴国县高多地质文化村、宁都大洲塘地质文化村。

丹霞地质遗迹景观点

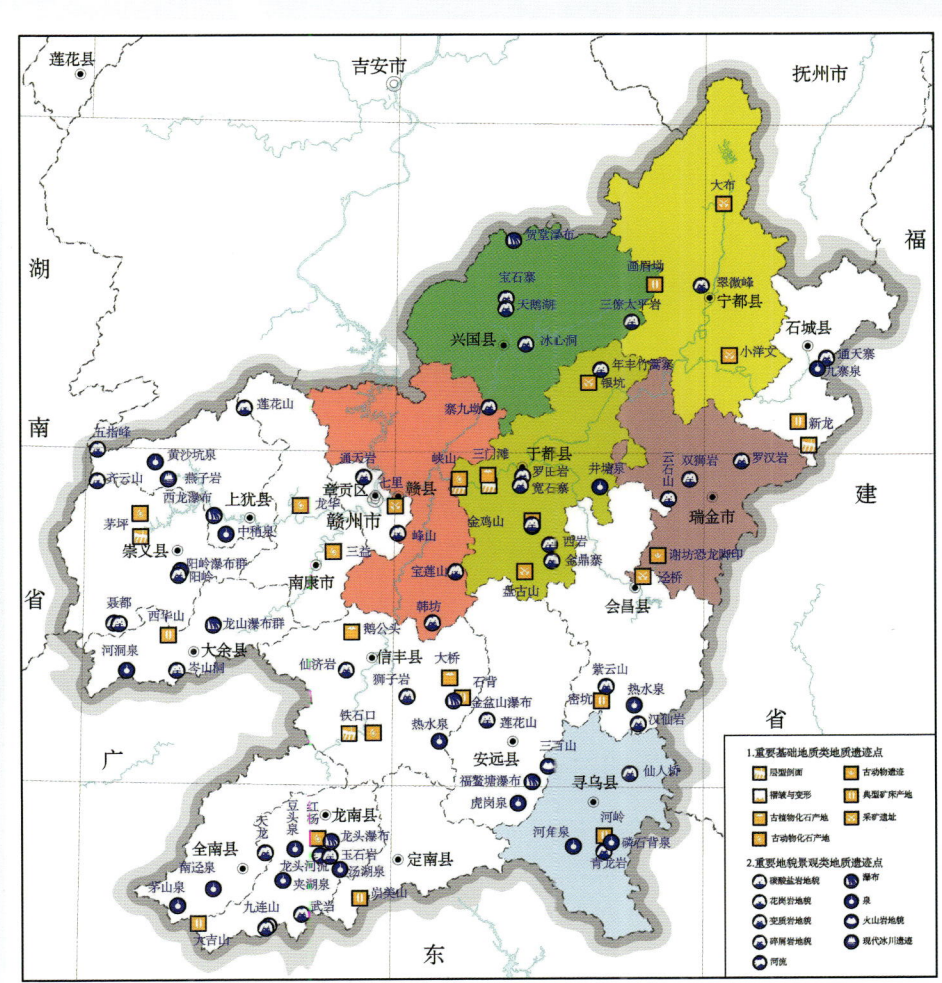

赣州市地质遗迹资源分布

兴国县丹霞省级地质公园

2016—2017年，中国地质环境监测院在江西省开展地质遗迹调查，新发现兴国县大量丹霞地貌地质遗迹景观资源，认定兴国丹霞地质公园是以丹霞地貌为主体，兼有构造地貌的地质公园，是江西省内以青年期丹霞地貌为主体，幼年期、壮年期丹霞地貌都有发育的一处典型地。

申报省级地质公园资格评审

为充分发挥当地的地质遗迹资源优势，进一步发展旅游产业，2017年地方政府牵头启动了省级地质公园的创建工作，2018年兴国丹霞地质公园成功申报省级地质公园。

兴国宝石山丹霞地质景观

兴国县高兴镇高多村地质文化村

钟绍京广场

高多地质文化村村口

在中国地质科学院岩溶地质研究所查明绿色无公害土地资源和中国地质调查局水文地质环境地质调查中心开展高多村田园综合基地灌溉水供水示范的基础上，中国地质环境监测院进一步实施了高多村地质文化村建设。

地方政府修复"高多十二景"，修建了湿地公园木栈道、自行车道、观景台、国学文化馆、客家文化展览馆与"心田夜战"等红色文化纪念馆，建成的田园综合基地果蔬大棚达1000余亩！

"游千年古村、看十里香樟、品地质文化、采四季果蔬"为主题的乡村游田园综合体逐步成型，十里香樟休闲观光带风景如画，红色文化和客家文化与地质文化完美融合，农业地球化学调查和找水成果助力农村产业发展！

高多湿地公园

蔬菜大棚种植基地

高多村丹霞地质景观

第五部分

地质矿产资源调查
保障矿业可持续发展

支撑服务赣南革命老区脱贫
攻坚地质调查示范成果图册

——查明成矿地质背景和控矿地质因素

完成1:5万区域地质调查面积8740 km²,完成1:5万矿产地质调查19 320 km²,实现了赣州六县1:5万区域地质调查、矿产地质调查全覆盖,全面提升了赣州地区基地地质调查工作程度。

——保障钨和稀土等优势资源的持续 供给

为保障赣南钨业资源基地、南方离子型稀土资源战略储备基地储备,完成了赣州地区矿产资源潜力评价和钨锡稀土资源综合评价与区划,基本摸清了重要矿产资源的潜力。

——关键矿产资源的找矿取得突破

统一部署找矿突破战略行动和整装勘查工作,实施于都银坑—宁都青塘地区、桃山铀矿外围地区、宁都河源—石城海罗岭地区、会昌岩背—寻乌铜坑嶂地区的整装勘查,实现锡、萤石等关键矿产资源的找矿突破。

——发现和评价一批重要资源的矿产地

推动江西省地质勘查基金跟进和商业性地质勘查衔接,新发现稀土矿产地7个、萤石矿产地52个、钨等矿产地84个。

会昌岩背地区锡-铜矿找矿

江西会昌岩背-寻乌铜坑嶂锡多金属矿整装勘查区是自然资源部设立的第4批整装勘查区，2017—2018年，中国地质调查局发展研究中心部署实施了"江西会昌岩背-寻乌铜坑嶂锡多金属矿整装勘查区矿产调查与找矿预测"子项目，由江西省有色地质勘查二队协作承担。

工作区投入钻探工作量6 399.69m、坑探800m、槽探8 340.08m³、浅井5 639.7m，新发现矿(化)点3个，圈定找矿靶区2个。

构建了区域成矿模式及找矿预测地质模型，在岩背矿区、青龙山矿区取得的新进展、新认识，显示出该区岩浆热液型锡、铜矿具有良好的找矿潜力。

探获锡资源量27 638t、铜资源量38 950.2t、稀土资源量62 553t，有望提交2个以上大中型矿床。

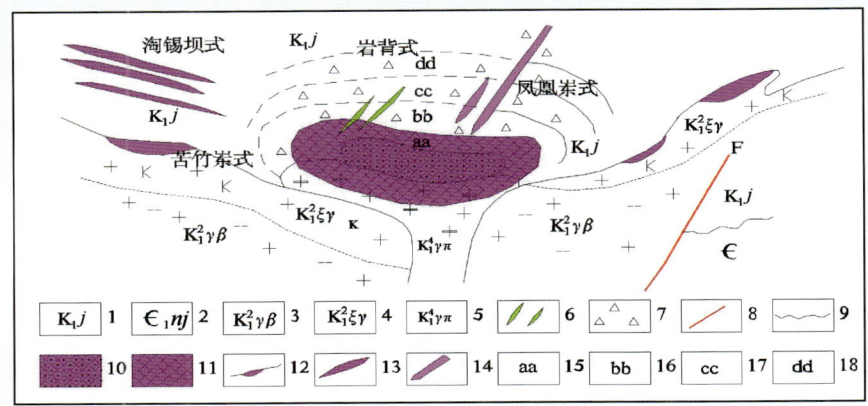

1.鸡笼嶂组火山岩；2.寒武系浅变质岩；3.密坑山岩体黑云母花岗岩；4.密坑山岩体钾长花岗岩；5.岩背岩体花岗斑岩；6.中基性岩脉；7.隐爆角砾岩；8.断裂；9.不整合界线；10.浸染状锡矿体；11.细脉浸染状锡(铜)矿体；12.云英岩化锡矿体；13.似层状锡矿体；14.脉带状锡矿体；15.黄玉石英带；16.绢云母化带；17.绢云母绿泥石化带；18.高岭土化碳酸盐化带。

会昌岩背地区岩浆热液型锡矿区找矿预测地质模型

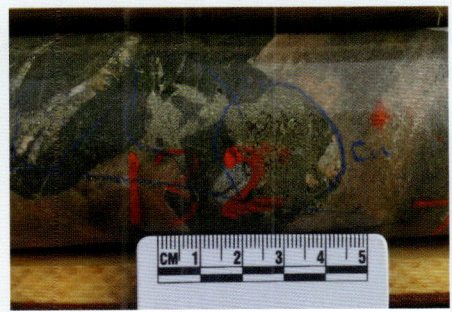

含铜、锡的岩芯样品

宁都县青塘地区萤石矿找矿示范

本工作成果由中化地质矿山总局承担"东部地区硼磷萤石等重要非金属矿产调查"的子项目提交。

通过本次矿点检查工作，在兴江-青塘靶区内圈定了1个萤石矿矿体，产于断裂硅化破碎带（F_2）中，走向约北西335°，倾向南西78°～85°，目前由TC201、TC204及几个地质点控制，控制走向长400余米，推断其走向长大于500m，近地表的民采（钨矿）老窿LD02中可见萤石矿体，宽3.1m，品位CaF_2含量45%～78%。

针对该断裂硅化破碎带的含矿情况，在老窿见矿较好的部位设计布设一个钻孔以验证萤石矿体深部延伸连续性。在孔深98～115m处见到萤石矿体（真厚约7m）。根据分析测试结果，有20个连续样品均达到了最低工业品位，CaF_2品位32.25%～91.57%，平均品位63.7%，属富矿。

预估算萤石矿资源量（334）84万t，CaF_2矿物量53.5万t，预计可提交中型矿产地1处。

钻孔中的萤石岩心样品

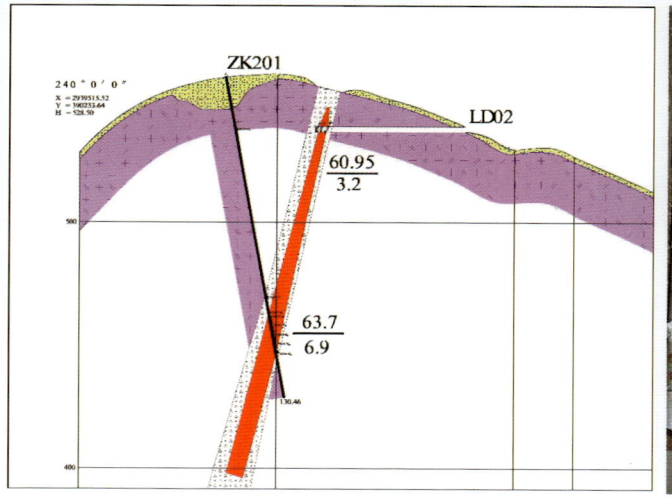

兴江-青塘矿区203线地质剖面图

石英萤石型萤石矿

第六部分

资源综合利用评价
服务企业提高效能

支撑服务赣南革命老区脱贫
攻坚地质调查示范成果图册

——赣州地区矿产资源综合利用调查工作

以赣南重要非金属矿、有色金属矿、稀有稀散金属矿、典型固废为对象，对其开发利用现状开展调查评价工作。赣南钨、稀土、萤石资源丰富，经长期的开发产生的固废量资源巨大，且具有很高的综合利用价值。

——显著提高矿产及固废综合利用水平

配合江西赣州矿产资源综合利用示范基地建设要求，进一步开展了铅锌、锂、钨、稀土、萤石等矿山综合利用适用技术提升和生产工艺流程改造示范，研发了铅锌优化分离等13项创新技术，其中7项技术进行工业示范应用，显著提高了矿山的经济效益和资源综合利用水平。

——规划矿业发展产业布局　促进转型升级

根据当地需求，编制赣南高岭土矿资源产业发展规划、赣南硅石矿资源产业发展规划、于都县矿业产业发展规划、兴国县非金属矿产业发展规划、兴国县矿泉水地热产业发展等规划和文件，调整产业布局，促进转型升级，延伸产业链。

——建立了2处资源综合利用示范基地

建立了2处资源综合利用示范基地，研发了铅锌优化分离等13项创新技术，其中5项技术进行了工业应用，直接年增产值2000万元以上，服务促进了3个矿山开发建设，显著提高了矿山的经济效益，提高了资源的综合利用水平。

于都润鹏铅锌矿资源综合利用技术

铅锌多金属矿尾矿重选收硫技术应用

该技术日处理原矿300t,进入锌尾矿约250t,硫含量达8%以上,得到的硫精矿品位在45%以上,硫回收率50%,实施后每天可回收22t硫精矿,每吨硫精矿出厂按165元计,每天可新增利润为3000元,每年可增利润90万元经济效益。

该项技术的实施避免了选厂原有浮选工艺中硫回收率低、酸耗大、设备和管路腐蚀严重以及存在严重的安全生产隐患等缺点,扭转了原工艺流程如硫不回收则造成资源浪费,回收又会造成严重亏损的两难局面。

铅锌多金属矿锌硫分离综合利用技术应用

采用部分混合浮选工艺,先铜铅混选→锌硫混选→选硫的流程,实现了提前抛尾,降低后续处理量。每吨原矿降低能耗费用1.53元,减少药剂费用4.43元,锌回收率增加0.63个百分点。另外,该技术操作稳定性更好,处理量提高了25%以上,投资下降,直接为企业每年增加收益327.9万元。

资源综合利用研发车间　　　　　　　　　　企业向中国地质调查局赠送的锦旗

宁都县特色锂辉石高效分选技术

在实验室试验研究的基础上形成了宁都县特色锂辉石高效分选技术。该成果在赣锋锂业 550t/d 规模的选矿厂进行了工业应用,在精矿氧化锂品位略有提高的基础上,锂回收率提高了 11.3 个百分点,预期年增利润 1200 万元以上,经济效益显著。

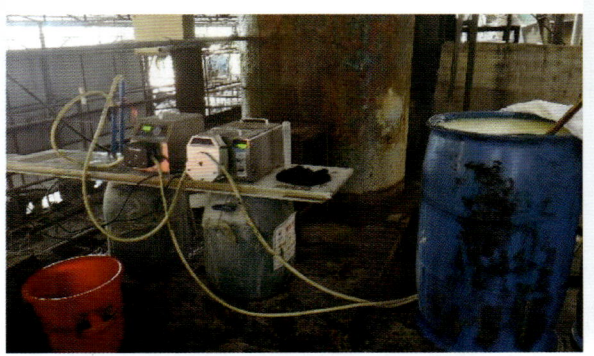

锂辉石分选技术应用试验

成果应用证明

项目名称	赣南矿产综合利用调查评价
技术成果名称	赣南锂辉石高效分选技术
主要完成人	刘广学 常学勇 赵恒勤 王力 赵平
应用单位	江西西部资源锂业有限公司
通讯地址	江西省赣州市宁都县石上镇河源村

为提高赣南特色锂辉石资源综合利用水平,项目以我公司锂辉石矿为研究对象,在工艺矿物学研究的基础上,进行了详细的选矿试验研究,研发出了锂辉石高效捕收剂 EL,形成了"赣南锂辉石高效分选技术"。

将研发的技术应用于我公司 550 吨/日规模的生产线后,成效非常显著。根据技术应用前后生产指标对比,精矿 Li_2O 品位提高了 0.41 个百分点,精矿 Li_2O 回收率提高了 11.3 个百分点,按现有选厂年处理矿石 15 万吨计算,年新增利润 1200 万元以上,取得了显著的经济效益。

江西西部资源锂业有限公司(盖章)
2018 年 11 月 28 日

兴国县萤石尾矿综合利用技术

赣南地区现有萤石尾矿约 54 万 t,其中兴国县鱼形山尾矿库尾矿量约 20 万 t,约占赣南地区萤石尾矿总量的 40%,尾矿中萤石含量约 20%,萤石价值可达 8000 万元,综合回收价值较高。2017 年 7 月,中国地质调查局郑州矿产综合利用研究所与兴国县中萤矿业有限公司共建"赣南矿产综合利用调查评价项目萤石尾矿综合利用技术创新基地",在兴国县中萤矿业有限公司挂牌,协助企业开展尾矿回收利用工作。

萤石尾矿综合利用技术现场试验

通过实验室研究与现场半工业试验,采用"一段粗磨+浮选柱一粗两精"工艺,在给矿 CaF_2 平均品位 15.91% 时,可获得平均 CaF_2 品位为 88.44%,回收率为 74.55% 的萤石精矿。

该工艺具有较好的经济可行性,每生产 1t 萤石精矿可以实现 260 元的利润,为该地区的萤石尾矿综合利用提供了有效的技术支撑。该套技术工艺可对赣南地区萤石尾矿进行综合回收利用,增加经济效益,尾矿堆放量较少且环境污染较小。

黑钨细泥尾矿高效回收技术

江西铁山垅钨业有限公司上坪坑口黑钨细泥主要为原生矿泥及洗矿和破碎—磨矿过程中产生的次生矿泥,矿石成分复杂,有用矿物黑钨矿粒度较细,从而造成了现有磁选—摇床流程黑钨作业回收率较低,仅为40%。为了进一步回收该尾矿中的有用黑钨矿,选矿厂添加了毛毯回收工艺,该工艺可再次回收20%的黑钨矿物,但细泥尾矿中黑钨矿的含量仍然较高,WO_3含量维持在0.1%～0.15%之间波动。针对这一技术问题,项目组选取上坪坑口细泥毛毯尾矿作为试验对象,开展细泥尾矿中黑钨的再回收技术攻关。

黑钨细泥尾矿回收现场试验

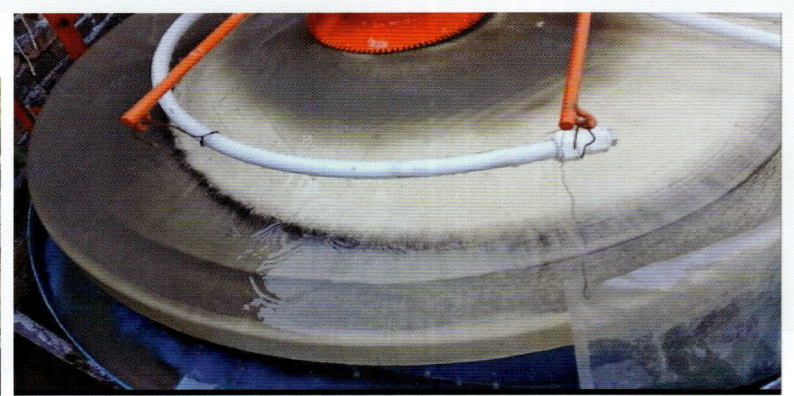

黑钨细泥分选离心机

通过实验室研究与现场扩大试验,确定了筛分分级—离心机预选—悬振锥面选矿机精选的全重选工艺流程,可从该尾矿中再获得产率为0.244%,WO_3品位为17.27%,回收率为43.40%的黑钨矿精矿。该工艺具有较好的经济可行性,经测算每年可新增利润93万元,为赣南地区黑钨细泥的高效回收提供了有力的技术支撑。

兴国县风里背高岭土综合利用技术

兴国县高岭土资源储量位居赣州之首，主要分布在永丰乡、方太乡等乡镇。风里背高岭土矿山矿石储量为577.81万t，高岭土储量为115.56万t，矿产价值上亿元。目前采用水洗—螺旋除砂—旋流器分级—离心机分级—压滤—干燥的工艺，生产的产品含铁高、白度低，在后续的陶瓷生产加工过程中易出现产品起泡、发红等现象。

中国地质调查局郑州矿产综合利用研究所通过详细的工艺矿物学研究，查明了影响砂质高岭土白度与品质的杂质种类和赋存状态，原矿中的铁主要赋存于白云母中，这部分含铁白云母超细，在选矿过程中极易在最细粒级产品中富集，是-325目产品中含铁和白度低的主要影响因素，采用电磁预选-超导磁选工艺，获得精矿Al_2O_3品位40.34%，Fe_2O_3品位0.26%，白度（1200℃）为97.5%的工业产品。

整个提纯工艺均采用物理方法，能耗低，绿色环保，不影响高岭土的物理化学性能，可实现高岭土矿的梯级利用，高岭土价格可增加到每吨1000元以上。

风里背高岭土矿山原矿

电磁预选-超导磁选工艺设备

会昌岩背锡矿锡石尾矿分选技术

赣南会昌岩背锡矿资源储量10.8万t,属大型矿床。目前,该矿入选Sn品位为0.88%左右,锡精矿Sn品位为50%,次精矿品位为13%左右,锡回收率为63%,伴生铜、银,铜回收率仅为30%左右,矿山经过多年开发,累积尾矿500万~600万t,其中含锡品位为0.25%左右。

锡石尾矿分选现场试验

中国地质调查局郑州矿产综合利用研究所利用工艺创新,研制了锡石高效浮选药剂,采用尼尔森重选抛尾—粗精矿浮选富集,针对锡石尾矿,可获得锡石精矿Sn品位为9.73%,对锡石尾矿给料回收率为30.54%的分选指标,从尾矿中回收的锡可提高现场锡石Sn回收率为9%~10%。

第七部分

生态地质环境调查
服务生态文明建设

支撑服务赣南革命老区脱贫
攻坚地质调查示范成果图册

——生态环境现状及时空演化规律

结合生态地质条件，开展岩石风化程度，风化壳、成土母质厚度、分布、形态和成因类型等，土壤理化性质，浅层地下水与地表水类型、水质及时空变化，林、草、湿分布变化，气象条件，生态地质问题修复现状及效果评估，建立生态环境演变与地质条件耦合关系，提取生态环境演化的地质主控因素，为生态地质分区评价提供依据。

——开展区域生态地质脆弱性评价

加强基础地质条件、土壤理化性质、人类活动等环境条件和林草湿空间分布、类型、生物量等生态特征研究，建立生态环境与地质条件耦合关系，提取生态环境变化的地质要素，构建生态地质评价因子与模型，开展生态地质脆弱性评价，服务地方政府开展精准脱贫、国土空间规划与用途管控，开展典型生态问题影响因子对生态环境演变控制的机理研究，总结生态环境动态演化模式，评价生态地质系统功能。

——开展矿山地质环境与生态影响评价

梳理总结了赣州近3年来矿山地质环境调查成果，补充了30座典型废弃稀土矿山及14个受影响小流域综合地质调查，采集岩–矿–水–土–气–生样品3000余件，发挥测试分析优势，测定稀土等元素指标48项，为赣州生态文明建设、国土空间规划和绿色矿业发展提供了翔实的稀土及其他元素基础数据。

——废弃矿山调查与修复　服务生态文明建设

开展废弃矿山地质环境调查，基本摸清废弃稀土矿山生态环境问题的状况，试验矿山生态修复调查评价的方法技术，建设废弃稀土矿山生态修复示范基地。

生态地质环境调查 服务乡村振兴战略

实施生态地质分区评价,服务国土空间规划。

划分四级生态地质单元,29个生态地质亚区。

Ⅰ:海拔300m以上的山地,森林生态系统,基本无人类活动扰动。

Ⅱ:海拔200~300m,灌丛和草甸生态系统,人类活动扰动中等。

Ⅲ:海拔小于200m,农田生态系统,人类活动扰动大。

Ⅳ:海拔100~200m,城市生态系统,人类活动扰动剧烈。

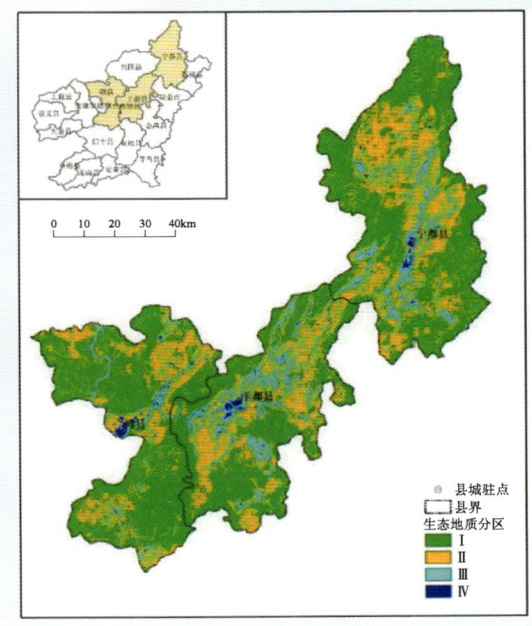
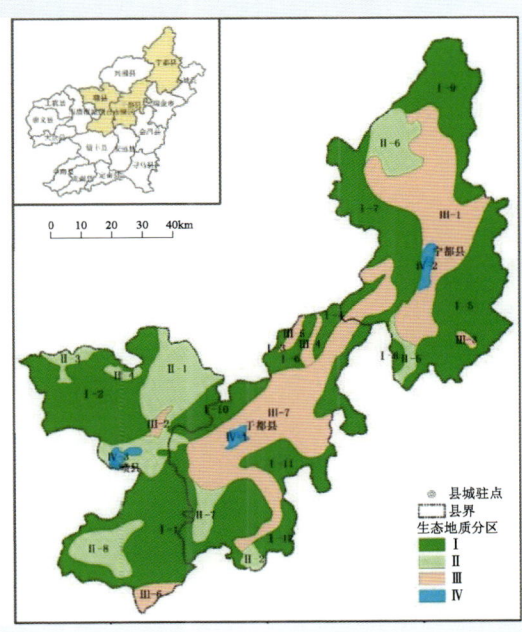

于都县生态地质评价与分区

赣县区生态适宜性评价 服务农业种植结构规划

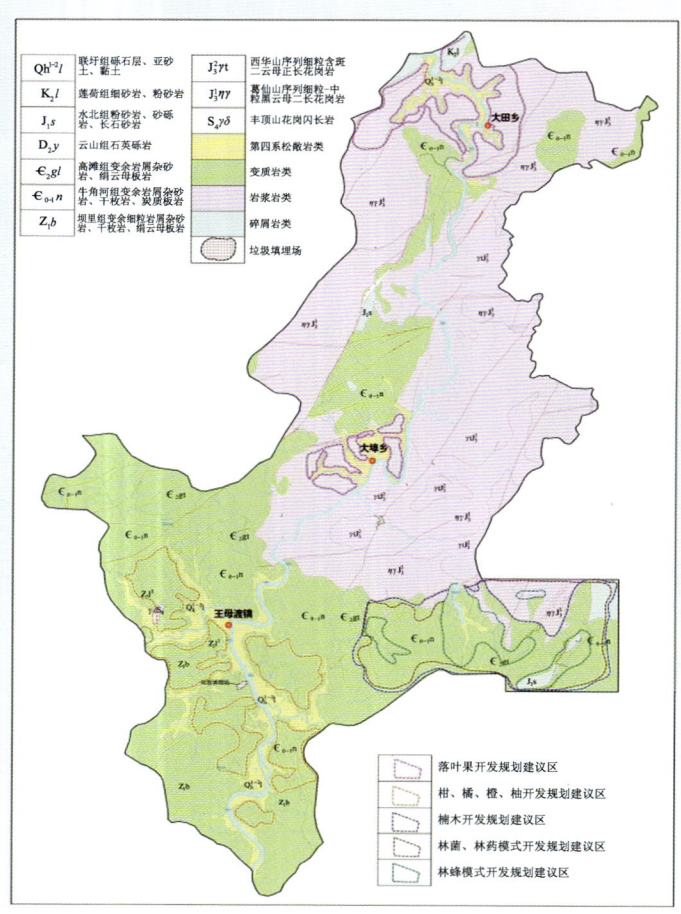

赣县区农业种植结构规划建议图

脐橙、柚子：低丘地貌，海拔高度150～250m，变质岩区，孔隙性相对更小，保水、保肥性更强，清洁区。

落叶果：低丘地貌，海拔高度150～250m，花岗岩区，土壤质地为砂土，土壤孔隙性更大，保水、保肥能力差。

楠木：低山、高丘区，海拔高度400～800m，气候、降雨量、温度更合适，变质岩，土壤质地为壤土、黏土，孔隙性相对更小，保水性更强。

林菌、林药：仿野生灵芝建议种植在黄沙坑、嶂坑分场一带。

于都县屏山生态区建设

于都屏山自然风光

　　于都屏山坐落于县南部的靖石乡，山麓四周百余里，皆山石层垒而成，山高如屏，有奇禽异兽，盛夏最高气温29℃。屏山海拔900m以下悬崖壁立，奇石众多，原始森林郁郁葱葱，遮天蔽日。900m以上则一片北国草原风光，山顶5万亩碧绿的高山草原连绵起伏。屏山地区有保存完好的原始森林，气势磅礴的瀑布飞泉，雄伟峻峭的山岩石雕，充满神奇色彩的仙人传说和南方少有的高山草原风光。

　　屏山周边有近百年光荣开采历史的盘古山钨矿和铁山垅钨矿山，近年当地政府整合矿山文化、红色文化、盘古女娲文化、森林生态、地质景观、地方传说、民俗风情，已经建设成为主题明确的矿山地质公园。

　　于都县屏山生态区是山水林田湖草生命共同体的具体实验区。当地创新推行"政府+公司+合作社+农户"的扶贫开发模式，成立了屏山生态农业旅游合作社进行旅游投资并开发运营。当地的农民通过奶牛养殖、牧场务工和参与旅游开发，转眼十几年由全县最穷的村变成最富裕的村。生态环境也得到很好的保护，真正实现了生态保护、企业发展、农民致富的共赢局面。

龙南足洞矿山土壤修复技术示范

国家地质实验测试中心在龙南足洞稀土矿试验成功"土壤再造与安全利用生态修复"技术，修复后的土壤能产出优质的蓝莓，连续多年监测结果显示，该区土壤质量优于国家卫生标准，拟在于都罗坳推广应用，助力脱贫攻坚。

盆栽实验

现场实验

蓝莓成功

杨梅成功

修复前

修复后

废弃稀土矿山生态修复综合示范区

于都县废弃矿山综合治理调查

中国地质调查局郑州矿产综合利用研究所在于都县南部开展了矿山地质环境调查，查清了区内各矿山开发利用现状和矿山开发对地质环境的影响，建立了于都县矿山地质环境问题清单，提出了矿山地质环境保护与治理对策建议，为于都矿山地质环境恢复提供了基础支撑。

结合地方需求，针对于都南部废弃钨矿山开展了环境综合治理可行性调查研究，查清了各废弃钨矿山存在的地质环境问题及隐患，提出了各矿山环境综合治理的范围和具体措施，估算了治理所需费用，编写了《于都南部废弃钨矿山环境综合治理可行性调查报告》，助推了于都县废弃矿山恢复治理工作的开展。

郑州矿产综合利用研究所向于都县移交矿山环境调查成果

废石废渣堆压占破坏土地

采剥区挖损破坏土地

矿山恢复治理效果调查

第八部分

"地质调查+"助力脱贫攻坚
"赣南样板"成果成效显著

支撑服务赣南革命老区脱贫
攻坚地质调查示范成果图册

以赣州精准脱贫攻坚地质调查协调联动领导小组为组织模式，以"地质调查+"为工作模式，以联合党支部为党建模式，形成了地质调查支撑服务脱贫攻坚的"赣南样板"，取得了支撑服务脱贫攻坚理论与实践的成功。

——组织模式

组织模式将中国地质调查局与江西省地产矿产勘查开发局相关参战单位拧成一股绳，并建立了与地方政府沟通对接的渠道，为共同推进赣南革命老区脱贫攻坚地质调查工作奠定了机制保障。

——工作模式

工作模式以"地质调查+"为统领，走出了一条以找水打井、特色农业、防灾减灾、地质旅游和绿色矿业为主的地质特色扶贫之路，是赣南苏区脱贫攻坚取得成效的关键。

——党建模式

党建模式是赣南苏区脱贫攻坚取得成效的政治保障，充分发挥好基层党组织的战斗堡垒作用和党员干部的先锋模范作用，广大赣南扶贫地质工作者成为"新时代地质文化"精神的传承者和社会主义核心价值体系的实践模范。

——赣南样板的重要意义

发挥技术优势全面支撑服务乡村振兴，推动地质工作全面融入经济社会发展大局，是新时代地质调查转型发展的重要实践，地质调查支撑服务脱贫攻坚的"赣南样板"，为助力乡村振兴发展积累了宝贵的经验，探索了路径，具有重要的借鉴意义。

协调联动的组织模式

成立赣南脱贫攻坚地质调查协调联动领导小组,是落实自然资源部政策、资金、技术等的有力举措,统筹部署各项工作,协调各相关单位合作关系,监督、指导各类项目的实施,协调解决相关问题,将地质调查支撑服务赣南原中央苏区脱贫攻坚工作落到实处。

脱贫攻坚需求需求对接(2016年)

工作推进暨领导小组会(2017年)

找水大会战需求调研(2019年)

充分发挥协调联动作用,高效推进赣南原中央苏区脱贫攻坚地质调查工作,有效促进"公益先行,基金衔接,商业跟进"的地勘机制取得成效,深入开展央地合作,促进业务融合,推进地勘队伍转型发展。

脱贫攻坚成果交流(2017年)

脱贫攻坚领导小组会(2018年)

脱贫攻坚成果交流(2018年)

打好富硒品牌工作需求对接(2019年)

独具特色的工作模式

显著提高赣南原中央苏区基础地质调查工作程度，完成赣州地区 1:5 万区域地质调查 8740km²，工作程度由 60% 提升到 88%；完成赣州地区 1:5 万矿产地质调查 19 320km²，工作程度由 50% 提升到 76%；完成 1:5 万水文地质调查 10 120km²，填补了赣州地区 1:5 万水文地质调查的空白；完成土地质量调查 15 838km²，实现赣南原中央苏区农用地的全覆盖。

实施探采结合井 310 口，总涌水量超过 4.5 万 t/d，建设安全饮水示范工程 11 处，直接解决贫困区 160 余个村镇 12 多万名群众饮水安全问题，可满足 30 万人用水需求。建立专业地质灾害监测预警示范点和群测群防简易监测点 13 处，建成赣州市地质灾害信息平台，全面提升地质灾害防治能力水平，有效保障赣南苏区民生安全。

圈定富硒土地 7452km²，提出特色农业基地建设建议 232 处。仅于都县就建成万亩富硒蔬菜产业园 1 个、千亩富硒蔬菜基地 4 个，累计建成设施蔬菜面积达 3.51 万亩，于都富硒蔬菜已成功"登上"中欧班列，签约粤港澳大湾区"菜篮子"平台，2020 年蔬菜产业产值达到 22 亿元。赣州市制定了《赣州市富硒农业产业发展规划（2020—2030 年）》，进一步打造富硒农业产业集群，打好富硒品牌。

联合联建的党建模式

通过参观红色景点、开展野外地质调查工作、看望老红军、瞻仰烈士墓、科普宣传、室内座谈交流等一系列活动，学习"苏区精神""长征精神""井冈山精神""三光荣、四特别"精神，弘扬"责任、创新、合作、奉献、清廉"的新时代地质文化，推进党建与业务融合发展，以党建促生产，切实夯实思想根基，牢记初心使命，凝聚同心共筑中国梦的磅礴力量，涌现出一批先进团队、优秀个人。

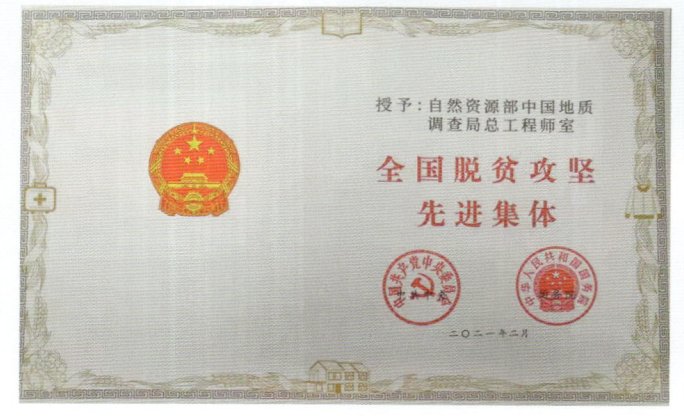

南京地调中心赣南脱贫攻坚团队获得自然资源部 2019—2020 年度"青年文明号"称号

中国地质调查局总工室获得"全国脱贫攻坚先进集体"称号

赣南脱贫攻坚团队 6 个先进集体、5 名先进个人受到中国地质调查局党组表彰

2017年7月6日，南京地调中心赣南扶贫协调联动办公室临时党支部联合水环中心赣南扶贫找水临时党支部、水环中心土地质量调查临时党支部赴宁都开展党支部活动。

集中学习

重温红色历史

野外采样

2017年8月6日，南京地调中心赣南扶贫协调联动办公室临时党支部、赣县矿调项目临时党支部、国家地质实验测试中心瑞金1:5万土地质量地球化学调查项目临时党支部等3个支部10名党员共同赴瑞金市开展联合党支部活动，先后参观了红井、叶坪、中央革命根据地历史博物馆等红色景点，活动主题为"不忘初心，砥砺前行，用我们的实际工作感恩和回馈老区人民"。

集中学习

合影留念

2018年7月1以，中国地质调查局水文地质环境地质调查中心赣南扶贫找水野外临时党支部、南京地调中心赣南扶贫协调联动办公室临时党支部及兴国县社富乡和老红军代表等20余人共同开展"缅怀先烈铸党性，不忘初心勇前行"的主题党日活动。

看望老红军

面对无名红军墓重温入党誓词

入村开展水质检测

2018年10月18日,南京地调中心赣南扶贫协调联动办公室临时党支部、赣县矿调项目临时党支部、水环中心赣南扶贫找水临时党支部共同赴井冈山开展"弘扬井冈山精神、引领火红扶贫成果"为主题的联合党日活动。

井冈山主题党日活动照片

第八部分 "地质调查+"助力脱贫攻坚 "赣南样板"成果成效显著

与武汉地调中心地灾项目组开展联合党建活动

与郑州矿产综合利用所项目组开展联合党建活动

与武汉地调中心找水项目组开展联合党建活动

与环境监测院项目组开展联合党建活动

支撑服务赣南革命老区脱贫攻坚地质调查示范成果图册

自然资源部中国地质调查局

地质扶贫赣南样板

组织模式——赣州精准脱贫攻坚地质调查协调联动领导小组

南京地质调查中心	江西省自然资源厅	江西省地产矿产勘查开发局	需求
发展研究中心 南京地调中心 武汉地调中心 资源所 监测院 物化探所 水环中心 水环所 岩溶所 测试中心 郑州矿产综合利用所 成都综合所	江西省地勘基金中心 江西省地质灾害应急指挥中心 赣州市自然资源局 赣县区自然资源局 兴国县自然资源局 于都县自然资源局 宁都县自然资源局 会昌县自然资源局 寻乌县自然资源局 瑞金市自然资源局	江西省地调院 江西省环境监测院 赣南地质调查大队 江西省物化探大队 赣西北地质大队 九一六地质大队 九〇一地质大队 赣西地质大队 赣东北地质大队 赣中南地质大队	服务特色产业发展 支撑饮水安全和保障生产用水 支撑优势矿产资源勘查 支撑服务防灾减灾 服务绿色矿业开发 支撑服务地质旅游 科技创新提升企业经济效益 服务生态环境保护
中化地质矿山总局		有色地勘二队 核工业二六四队 煤田地质勘察研究院	

协调联动

目标：以行业优势，技术力量，支撑赣南革命老区如期高质量脱贫

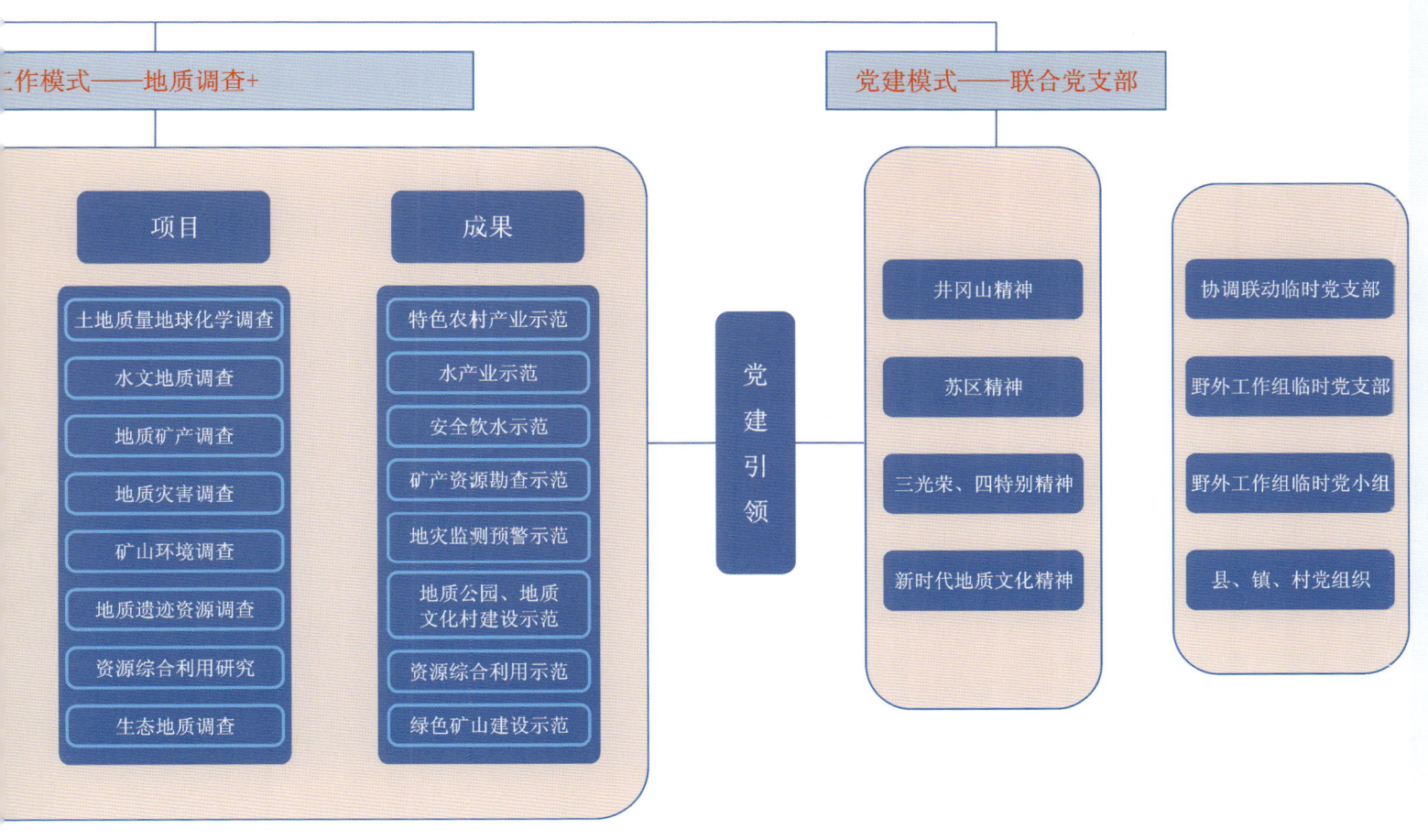

经验启示

（1）领导重视、责任担当是地质调查助力赣南革命老区脱贫攻坚的政治保障。

（2）统筹到位、机制顺畅是地质调查助力赣南革命老区脱贫攻坚的组织保障。

（3）需求导向、精准施策是地质调查助力赣南革命老区脱贫攻坚的基础。

（4）工作模式、指导思想是地质调查助力赣南革命老区脱贫攻坚的统领。

（5）延伸服务、示范引领是地质调查助力赣南革命老区脱贫攻坚的关键。